ODILE CHABRILLAC

SORTIR DES BOIS

MANIFESTE D'UNE SORCIÈRE D'AUJOURD'HUI

Tana
éditions

« Je crois que tout est toujours en question, tout est toujours à sauver, que rien n'est définitivement acquis, et qu'il n'y aura jamais de repos sur la Terre pour les hommes [et les femmes] de bonne volonté. »*

Raymond Aron

« Entre le stimulus et la réponse, il y a un espace… Dans cet espace est notre pouvoir de choisir notre réponse. Dans notre réponse résident notre croissance et notre liberté. »

Viktor Frankl

* Ajouté par moi…

Sommaire

Préambule

*« Le temps est bientôt venu, dit-il, où il n'y aura plus aucun rishi*vivant dans ces grottes comme je le fais. Maintenant les êtres éveillés devront aller dans le monde parmi les hommes**. »*

Jack Kornfield

Y a-t-il un monde d'avant ? Y aura-t-il un monde d'après ? C'est un exercice d'une grande complexité que d'écrire sur des sables mouvants. Lorsque notre vie est en plein bouleversement. Je ne suis pas celle d'hier. Vous non plus. Notre univers a basculé. Sans que nous sachions où nous allons. Je ne ressens aucune nostalgie. Parfois je suis inquiète. Mais ce n'est pas le sentiment dominant. Oui, il y a de la colère aussi de temps en temps – assez souvent, même ! –, mais surtout de l'incertitude, de la curiosité. J'avance à tâtons, j'écris à tâtons. Ce livre aura connu une multitude de versions, comme autant de versions de moi-même, dans un moment inédit de transition, de passage. Passage collectif et passage individuel.

* *Rishi* signifie chantre-auteur des hymnes védiques, poète, voyant ; démiurge, géniteur ; patriarche, sage, ascète, ermite. (*Note de l'autrice.*)

** Jack Kornfield, *Après l'extase, la lessive*, traduit de l'anglais par Dominique Thomas, La Table ronde, 2001.

Je pensais avoir atteint une forme de maturité rimant avec stabilité. Intérieure en tout cas. Je mesure au cœur de cette crise, ou plutôt de ces crises, à quel point ce n'est pas le cas.

Nous sommes quelque part au milieu du gué. C'est peut-être plus que jamais le moment de faire des choix. De se positionner. Avec clarté. Au moment où j'ai commencé à écrire ce livre (ou plutôt : au moment où j'ai commencé à en écrire la troisième version...), j'étais confinée en Bretagne chez des amis. Témoin de mon propre cheminement. Après un premier temps en état de choc – modéré, mais de choc tout de même –, j'ai agi selon mon processus habituel, mettant des choses en place, agissant. J'ai poursuivi mes consultations, proposé des méditations, des cours de yoga en ligne, et donné différents enseignements. J'écrivais aussi, j'écrivais comme on fait bien ses devoirs. J'écrivais parce que j'avais un livre à rendre et que je souffre encore (un peu) du syndrome de la bonne élève, de cette *good girl* qui aime tenir ses engagements – c'est ainsi que m'ont élevée mes parents. Je pense surtout que j'avais besoin de me rassurer, de me prouver que les choses pouvaient continuer. Même si je savais bien qu'elles n'étaient déjà plus comme avant. J'avais besoin d'y croire. Encore un peu. Puis avec l'érosion des jours, de la fatigue, des marches dans la nature, du silence, de la pratique du yoga aussi, le décalage m'a sauté aux yeux. Je ne suis plus celle que j'étais. Le monde n'est plus tel qu'il était. C'est fini, terminé. Paradoxalement, cette prise de conscience, cette émergence de nouveaux sentiments non identifiés, a plutôt été un soulagement. Accepter de ne pas comprendre, de ne pas savoir m'a apaisée. Je ne sais pas où je vais. Mais je sens qu'à cet endroit-là, j'ai une place. Ma place. Et je sais qu'à cet endroit-là, je ne suis pas seule. Nous sommes même nombreux et nombreuses à nous frotter les yeux, éberlués. Un peu inquiets. Et tellement vivants.

Non pas que je sois surprise par ce qui nous est arrivé, par cette épidémie de coronavirus et les conséquences que tout cela a eu sur nos vies. Assez influencée par la collapsologie*, mais surtout interrogative face à l'absurdité de nos modes de vie, j'écrivais quelques mois avant le confinement (pour ce même livre dans l'une de ses précédentes versions !) : « Je sais la violence, je sais la pollution, je sais le permafrost qui fond, et les risques de maladie, d'épidémie, et la fin de beaucoup de nos illusions... » Mais ce n'est pas parce que l'on a l'intuition qu'il va se passer quelque chose de grave que cela nous donne davantage d'outils pour le traverser. L'effet de choc est le même, la surprise en moins. Comment sortir des bois si l'on nous impose de rester chez nous ? Comment proposer de créer du lien et en invoquer la nécessité lorsqu'on nous rappelle jour après jour que des gestes barrières (l'expression parle d'elle-même), qui nous éloignent les uns des autres, au moins d'une certaine manière, devront perdurer plusieurs mois (voire plusieurs années) ? C'est même cette insistance chez ceux que je qualifierai d'oiseaux de mauvais augure qui m'a finalement aidée. Cette crise, cette catastrophe, comme la qualifie Boris Cyrulnik, n'est peut-être pas la fin du monde que l'on voudrait nous présenter. Elle me semble être avant tout un accélérateur de destin. Et si nous choisissions alors d'être acteurs et actrices de sa résolution ? En restant éventuellement chez soi pendant un temps et en se comportant – toujours – dans le respect des plus fragiles d'entre nous, mais pas seulement. En pensant l'après. La sortie. L'évolution du monde, à moyen terme.

* Cette approche pluridisciplinaire s'intéresse à l'effondrement possible de notre civilisation. Son nom provient de l'anglais *collapse*, qui signifie « s'effondrer », et du grec *logos*, « discours ».

Allant au-delà de la peur et, pour certains, en quittant le confort de cette bulle, cette matrice où l'on peut s'être senti protégé (bien que confiné). En s'interrogeant. En interrogeant les autres. En sortant de soi finalement. Ou au moins du soi confortable qui avait trouvé une routine dans son existence habituelle et inhabituelle. Je suis obligée de me hisser ailleurs, je suis obligée de penser plus loin, autrement. Je suis obligée de tout changer. Car ici, une fois encore, il y a beaucoup plus de questions que de réponses. Je passe ma vie à me bousculer moi-même dans mes croyances, mes retranchements. À rechercher les implicites, les présupposés. À les vérifier, les malaxer. À dire « je ne sais pas ». À voir si l'on peut prendre le problème à l'envers ou autrement. Comme un antidote au désespoir. Comme la conviction que les choses ont un sens, qu'elles sont porteuses d'opportunités et qu'il est de ma responsabilité de les trouver. Pour ne pas laisser d'autres personnes m'imposer leur interprétation. Pour ne pas sombrer.

La moitié de l'humanité mise aux arrêts ! Le paradoxe de ce moment n'a-t-il pas été de conjuguer, peut-être comme jamais, la solitude d'un confinement, loin de nos proches, et la conscience du collectif, avec le soutien que celui-ci pouvait nous apporter ? Avec la conviction de vivre une page incroyable de notre histoire commune.

Je ne mesure probablement pas toute la dimension traumatisante de ces événements. Je me sens encore entravée au niveau émotionnel par tout ce que cette situation implique, ou pourrait impliquer, les multiples inconnues et incertitudes associées. Tous les sujets qui forment la trame de ma pensée – le féminisme, l'écologie, la démocratie, les communs (*voir p. 199*), notre rapport au corps, à la sexualité, à l'altérité, la spiritualité, la magie –, tous ces sujets semblent comme autant de cartes rebattues par une crise d'une dimension inégalée. Crise qui vient non seulement interroger mais aussi bouleverser mes valeurs les plus intimes. À l'aune de ce changement de monde, que reste-t-il de mes croyances, de mes engagements, de mes désirs, de mes renoncements ? C'est comme si la table s'était renversée ! Emportant avec elle une partie de la femme que j'étais.

Le paradoxe, c'est que quelque chose en moi s'est également apaisé. J'étais tellement convaincue que ce qui nous est arrivé arriverait (même si je ne savais absolument pas la forme que cela prendrait) que maintenant je peux passer intérieurement à autre chose. C'est étrange. Je ne pense pas que les temps à venir seront faciles, j'ai comme le sentiment que l'on entend l'orage gronder au loin. Je pense cependant qu'ils seront passionnants. C'est comme un moment en suspension, une sorte de bulle temporelle qui va et vient étrangement. Il m'arrive de marcher dans Paris et de regarder les boutiques désertes, plus nombreuses que d'habitude me semble-t-il (c'est peut-être moi qui les remarque davantage) et de me dire que l'on vit un truc vraiment bizarre. Inattendu et tellement prévisible. Mais tant que ça tenait, on se disait : ouf, ça tient encore… Ma conviction est que la crise sanitaire liée au coronavirus est juste venue appuyer sur nos points de fragilité, individuels et collectifs, pour nous obliger à nous positionner, à faire des choix. À nous engager.

Que l'on ait moins pu recourir à nos divertissements coutumiers – sorties, restaurants, voyages – nous a contraints à réfléchir à des choses sur lesquelles nous n'avions pas du tout envie de nous pencher. La crise sanitaire « décape notre regard, rend visible une réalité habituellement tissée dans l'ordinaire de nos vies », constate

Pascale Molinier*, chercheuse en psychologie sociale. Les prises de conscience sont alors multiples. Chez moi, au niveau personnel, cela n'a fait qu'amplifier des choses que je savais déjà mais auxquelles je n'avais pas forcément porté toute l'attention nécessaire. Je peux les résumer en ces termes : la pratique, la discipline, l'ancrage, le courage, le partage. Et la confiance. J'ai en effet plus que jamais appris la confiance alors que le monde était sens dessus dessous, que rien ne se passait comme je l'avais anticipé et que pourtant tout se déroulait au mieux (pour moi). Malgré l'inquiétude, voire l'angoisse, que j'ai pu ressentir pour certains de mes proches, ces moments ont été probablement parmi les plus importants de mon existence. Pourquoi ? Parce qu'il était impossible de faire semblant, je crois. Plus personne ne pouvait faire semblant. Nous avons été projetés hors de nous, poussés dans le vide, comme jetés dans le grand bain. Et nous avons surnagé. Finalement, nous ne nous en sommes pas si mal sortis. En ces temps de maladie, de mort, de deuil, il y a eu beaucoup d'amour, de soutien et tant de vies unies. Il ne s'agit pas d'idéaliser cette période, d'autant moins que nos expériences ont été incroyablement différentes. Il est certain pourtant que, par moments, nous avons touché du doigt la vie dans ce qu'elle a de plus fort, de plus pur, de plus puissant. Nous avons éprouvé de la solidarité qui a révélé aussi l'injustice ; le partage qui a révélé aussi l'égoïsme ; notre force qui a révélé aussi notre épuisement.

J'y vois déjà comme une invitation à changer notre manière de voir le monde, ou plutôt à le dévorer. À sortir de notre comportement d'enfants gâtés. Est-on capables d'interpréter tout cela comme une possibilité ? Il y a une idée d'un juste tempo à trouver, d'une ligne de crête où

* *In* « Le souci de l'autre, un retour de l'éthique du "care" », *Le Monde*, 2 mai 2020.

tenir en équilibre, de respiration à ajuster, d'un échange à opérer. Un nouveau rythme à inventer, comme une musique inédite. Tout d'abord il y a eu le temps du silence, le souffle coupé, l'attente du cataclysme : où la foudre allait-elle tomber ? Une sorte de sidération, qui est progressivement devenue voyage immobile, un apprentissage, une initiation. Tout ce que nous pensions impossible est entré dans le réel : une planète entière quasiment en pause. La possibilité d'une métamorphose. Chacun chez soi pour une mue non volontaire qui s'est néanmoins révélée parfois salutaire. Notre sentiment d'invincibilité a fini par nous exploser au visage. Jusque-là, à coups de déni et de contrôle, nous pensions éviter la mort. Ne passions-nous pas à côté de notre vie ?

Ce qui a fini par s'imposer, c'est la conscience de notre fragilité et la puissance des liens, la beauté de l'humain et la somme de toutes nos singularités. Le privilège de vivre un tel retournement, d'assister en direct à la fin de l'idée absurde que quoi que nous fassions, nous nous en sortirons. Que la technologie nous sauvera en toutes circonstances. Nous avons fait l'expérience in situ de notre immense vulnérabilité et peut-être, pour certains, d'une nouvelle humilité. L'impermanence est probablement une des choses les plus importantes que ce virus nous a rappelées. Ce concept, qui occupe une place centrale dans la pensée bouddhique, nous suggère de ne pas nous attacher aux êtres, aux choses, à nos idées, puisque tout se modifie ou évolue sans cesse. Avant la crise sanitaire, nous prétendions exactement à l'inverse : nous voulions, moi y compris, un monde fiable, stable, solide comme du béton armé. Nous venons de comprendre que c'est impossible. Et que nous ne pouvons rien y faire. Nous venons de saisir que, contrairement à ce que l'on a toujours prôné dans un monde occidental fait d'individualisme et de compétition, nos destins sont irrémédiablement liés. Ce lien n'est pas une prison, il est un choix, un possible, une ouverture, une création. Plus je suis autonome, plus je peux entrer en relation et donc agir au monde. La nature, le destin, ne nous lâcheront pas. Nous, les humains, avons initié une spirale infernale qui, de crises économiques en bouleversements climatiques, va nous ramener avec régularité à faire le deuil de notre prétention. Nous pouvons le regretter ou nous en réjouir. Le temps des faux-semblants s'achève. Il y a dans tout cela une forme d'appel à être. À se dégager de tout ce qui encombre : nos illusions, nos discours puérils, nos fausses protections. Je ne pense pas qu'il y ait de retour en arrière. Il est temps de grandir. Ce temps comme suspendu, ce temps qui attend, ce temps entre le temps est probablement celui d'une nouvelle maturité.

Pourquoi est-ce que j'écris tout cela ? Parce que, pour moi aussi, ce confinement a joué comme un accélérateur de karma. J'avais déjà beaucoup travaillé sur moi. Mais parfois je (me) cachais des choses, je n'assumais pas tout, je négociais (avec moi-même surtout). Ce temps est en train de s'achever. Mes priorités sont de plus en plus claires. Proposer des rituels de magie en ligne comme j'ai pu le faire lors du confinement était déjà audacieux (ou inconscient) de ma part. C'était finalement une manière de me dévoiler un peu plus. Le bonheur étant bien sûr d'avoir été accueillie telle que je suis. Ce qui me donne l'audace de faire encore un pas vers moi, puis un autre, et un autre encore… Parce que la peur brouillait toutes les pistes à l'extérieur, j'ai été obligée de renforcer mon armature intérieure.

Le monde où nous vivons a tout fait pour bannir la mort de son horizon. Nous, les sorcières, avons toujours su à quel point une telle posture est infantile. La mort existe, la maladie, la vieillesse, la laideur aussi, clamions-nous haut et fort. Cessez de vous voiler la face ! C'est cette conviction qui a fait grincer des dents à certains (au mieux), ou donner des envies de meurtre à d'autres (au pire). Nous étions celles qui proclamaient : le roi est nu. Mais nous étions bien seules. Le choc que nous avons subi collectivement nous rappelle à certains fondements. Ce qui était inaudible il y a quelque temps semble maintenant faire davantage son chemin vers nos cerveaux ! La sorcière est, selon moi, celle qui nous aide à sortir du déni. Il y a une histoire de courage là-dedans. Oser faire face à ce qui est. Se tenir debout. Vaciller parfois, mais se redresser. Ce n'est ni facile ni confortable. La question n'est pas celle de la peur, nous avons toujours eu peur, j'ai eu peur bien sûr. La question est celle de la vie, d'honorer cette vie malgré la peur. Malgré la mort, et la maladie et tout le reste. Ensemble, nous avons fait grandeur nature l'expérience de la dissonance cognitive : alors même que le virus était littéralement à nos frontières, certains ont minimisé la réalité car elle était insupportable (et nous avions tellement envie de les suivre dans ce déni…). Un événement ne correspond jamais à ce que l'on a prévu. Il existe alors deux attitudes complémentaires : prévoir le moins possible et faire preuve d'un maximum de souplesse face au réel.

Cela est bien sûr valable pour moi. La peur, l'incertitude des lendemains, ma confrontation avec ma part d'ombre, la dimension tragique de ce qui s'est joué a finalement limité ma capacité aujourd'hui à faire des compromis. La vie et le présent deviennent souverains. Face au péril collectif que nous vivions, nos différents seuils de tolérance ont évolué à une vitesse affolante en très peu de temps (c'est aussi le cas en temps de guerre). Pour le pire – le manque d'accompagnement des personnes âgées que l'on a laissées mourir dans la solitude ou les rituels funèbres réduits à leur plus simple expression, voire sans aucune expression, par exemple –, mais probablement aussi pour le meilleur. Ma croyance, et mon espérance, est que nous allons de moins en moins pouvoir vivre une vie dénuée de sens. Nous allons revisiter ce qui a de l'importance pour nous. Et ce qui n'en a pas, ou pas assez, nous allons rapidement l'éliminer. J'en suis là personnellement, en tout cas.

J'ai beaucoup remis en question la rédaction de ce livre. Dès le début, je me suis interrogée sur ma nécessité intérieure de l'écrire. Était-ce un processus impératif ou bien une réponse au succès du livre précédent ? Je ne peux pas honnêtement y répondre. Une partie de moi a le sentiment de terminer une boucle nécessaire. Une autre partie pense que d'autres personnes auraient très bien pu prendre la relève. C'est un investissement important en termes de temps, d'engagement et d'émotions que d'écrire un livre. Plus je le fais avec sincérité, plus je résiste. Déposer ce qu'on a d'intime au milieu du collectif n'est pas anodin. En tout cas, cela ne l'est pas pour moi. Je pense que j'ai écrit *Âme de sorcière* sans me rendre compte de ce que je faisais, de ce que je disais. Même la puissance du titre – que j'adore – ne m'a sauté à la figure que quelques mois après sa parution. Si, si. Aujourd'hui, dans mon nouveau système de valeurs, il est moins prioritaire d'écrire un livre que d'agir. Et mon ego a moins besoin de reconnaissance qu'autrefois. En même temps, les mots sont mes amis, souvent mes alliés. Et j'aime tellement transmettre : le projet de ce nouvel ouvrage pouvait donc dépasser certains enjeux tournant autour de ma petite personne et participer à cette action, au collectif, à notre évolution, à notre révolution. Je vais tâcher que ce soit le cas.

Le fait de prendre le temps de me poser pour écrire, surtout au cœur de cette période riche en secousses et en événements, m'a fait prendre conscience de nombreuses choses : après avoir traversé de multiples chocs existentiels, c'est paradoxalement aujourd'hui que je comprends (mieux) le sens de nombreuses paroles de sagesse. C'est aujourd'hui que je mesure l'importance du moment présent. Que dis-je, sa suprématie, son monopole. Peu importent mes embarras, mes drames domestiques, mes pertes et mes deuils, je ressentais jusqu'ici le monde comme quelque chose de solide et de rassurant autour de moi. Les jours où ce n'était pas le cas se comptaient sur les doigts d'une main. Et, d'un seul coup, mon appréhension du monde a été bousculée, la certitude que j'avais des jours devant moi a disparu. Naviguer à vue : inutile de dire que notre ego – et le mien en particulier – déteste ça ! Lui qui adore programmer, planifier, organiser, évaluer. Lui qui adore contrôler. Cette fois le contrôle était inopérant. Ou presque car, même dans une situation aussi instable que celle-ci, nous parvenons, je parviens, à mettre un peu de contrôle, d'interprétation de-ci de-là, histoire de me rassurer. Il m'a fallu du temps pour accepter cet état de fait, et envisager de le traverser. Il m'a fallu baisser les bras, reconnaître mon impuissance, j'avais l'impression de marcher sur de la glace sans en connaître l'épaisseur, ou d'être suspendue au-dessus du vide. J'avais le plus grand mal à anticiper quoi que ce soit, c'est toujours le cas. Alors j'avance à pas menus. Reconnaître que je ne sais pas est déjà pour moi une grande avancée. Ma chance, aujourd'hui comme autrefois, est d'être bien accompagnée (que ce soit par mes proches, mes amis, hommes et femmes, mais aussi mes enseignants en yoga et en psychologie).

L'écriture de ce livre s'est faite ainsi. Progressivement. Plus qu'un livre, c'est un chemin d'écriture. Une invitation à se rapprocher dans le noir. À se rassurer mutuellement.

C'est une histoire de présences ensemble. De mains qui se touchent, qui se prennent et qui cherchent à tâtons le passage entre les fourrés. Je n'ai pas envie d'intellectualiser, de trop expliquer. Le silence parfois et les égarements souvent me semblent plus fertiles en ce moment que les certitudes péremptoires. Nous avançons dans un labyrinthe sans savoir s'il y existe une sortie. Je crois que oui. Même si c'est davantage une question de foi que de conviction. Pas plus que vous je ne sais où se trouve l'issue, je n'ai pas de mode d'emploi. J'espère simplement avoir posé ma pierre à l'édifice afin de construire ensemble un monde un peu plus tolérant, lumineux et joyeux.

On peut chercher ensemble, si vous le souhaitez, pour reprendre notre respiration au cœur de la nature, utiliser la magie pour se renforcer, et plonger au cœur de nos vies afin d'agir concrètement en transformant le réel. Telle est mon invitation.

CHAPITRE 1

EN CES TEMPS DE CLAIR-OBSCUR…

« La sorcière surgit au crépuscule,
au moment des angoisses vespérales,
alors que tout semble perdu.
Elle est celle qui parvient à trouver
*des réserves d'espoir au cœur du désespoir**. »

Mona Chollet

Écrire encore sur les sorcières ? Pour qui, pourquoi ? Je me rends bien compte, lors des conférences ou de mes échanges avec des tiers, que je parle davantage de ce nouveau livre en gestation que du précédent, que mes mots, mes envies, mes outils de magie, même, ont changé. Les phrases commencent à se bousculer dans ma tête, je me raconte de nouveaux récits, j'explore des pistes inconnues. J'avance, je me transforme. Le monde également. Tellement. Certaines choses restent pour moi des fondamentaux, des fondements : la solitude, la nature, le pouvoir du dedans, les différentes reconnexions à opérer. Mais ce sont les sujets d'une vie. On pourrait écrire un livre sur chacun de ces thèmes, tellement ils sont riches, fertiles, nécessaires. Sans oublier le féminin bien

* « Tremblez, les sorcières sont de retour ! », *Le Monde diplomatique*, octobre 2018.

sûr. Redonner aux femmes leur pouvoir, leur puissance, leur audace, leur autonomie. Leur place. Tout cela me passionne.

Il y a des décennies, je faisais la danse des ovaires avec Mona Hébert, je traversais le feu avec Virginie, je dansais nue avec mes sœurs autour du chaudron sous le regard pénétrant de Barbara, je sculptais des signes ésotériques sur des branches de pommier avec Violaine… Je ne dirais pas que j'ai moins envie de ça (car cela m'amuse encore follement, tout ce folklore, que je revendique haut et fort), mais je suis convaincue qu'il ne faut pas se tromper et prendre toutes ces cérémonies et ces gestes, si attractifs soient-ils, pour l'essence de la magie. Et qu'on ne peut pas, en tout cas, revendiquer la forme si on omet le fond. Et le fond, c'est l'amour, la tolérance, l'ouverture, la conscience. Le fond, c'est le principe de réalité, l'agressivité du monde, l'inaudible parole des minorités sur la place publique. Le fond, c'est la violence du patriarcat et la difficulté à être différent ou différente, à être « trop », non conforme, à se rebeller. On a tué les sorcières parce qu'elles dérangeaient. On les a brûlées parce qu'un système économique, politique, idéologique était en train de se mettre en place. Des siècles plus tard, on nous a présenté ce système comme un progrès. On a oublié de nous parler des sorcières, de celles et ceux qui ont payé le prix de l'histoire en marche. Aujourd'hui, tout l'enjeu est de savoir repenser ce qui s'est passé, repenser le monde, faire le tri. Je n'ai jamais cru que tout était à jeter et qu'il fallait retourner au Moyen Âge. Je pense néanmoins qu'il faut savoir questionner les récits collectifs, ceux que l'on nous sert encore aujourd'hui. Pour en construire de nouveaux, plus justes, plus puissants, plus inclusifs.

Sorcières : des femmes et des hommes

Parce qu'elle porte inscrite en elle l'idée de rébellion, de subversion, la figure de la sorcière me semble (toujours) être un puissant levier de transformation. Cela explique probablement l'attachement que je lui porte. L'autre raison est encore plus importante pour moi, et tant pis si je me répète : si je tiens tant à ce mot de sorcière, c'est parce que c'est en son nom qu'on a tué des dizaines de milliers de femmes à partir du XVIe siècle, en Europe surtout mais aussi en Amérique et encore récemment en Afrique. Pour rien, même pas parce qu'elles étaient guérisseuses – certaines l'étaient, mais si peu –, pas non plus parce qu'elles avaient une sexualité plus libre que les autres – certaines peut-être, et encore on n'en sait rien… L'histoire est muette. On les a tuées parce qu'elles étaient des femmes*. Un point, c'est tout. L'historien Robert Muchembled l'explique ainsi dans une interview : « Cette misogynie vient du fait que les femmes commencent à prendre de l'importance dans la société. Ainsi, la sœur de François Ier, Marguerite de Navarre, accède-t-elle à la célébrité en tant qu'écrivaine. Au temps de Catherine de Médicis, des centaines de jeunes femmes arrivent à la cour, qui était jusque-là extrêmement masculine. Les possibilités d'ascension sociale féminine se développent. Certaines savent lire et écrire, et représentent un danger pour la société patriarcale. Face à cette menace, la réponse masculine a été de "resserrer la vis". » Ensuite, on a raconté des tas d'histoires sur elles, plus ou moins glauques, plus ou moins magiques, mais jamais réelles. Mon propos a toujours été de les honorer. Mon propos

* « De la diabolisation des femmes aux bûchers de sorcières », *Le Monde*, 12 juillet 2020.

est de m'incliner. De les sortir des limbes de l'histoire. De questionner ce qui a bien pu se passer, et surtout de quoi nous sommes dépositaires, nous les femmes et les hommes aujourd'hui. De chercher aussi à mieux cerner les enjeux et de révéler en quoi ils nous concernent. Car je suis convaincue qu'ils nous concernent.

Si le terme sorcière résonne si fort en nous, si de nombreuses personnes l'incarnent aujourd'hui, c'est bien qu'il est d'actualité. Et peut-être aussi qu'il renforce celles et ceux que nous sommes. C'est quelque chose dont j'ai fait plusieurs fois l'expérience : lorsque je dis que j'écris sur les sorcières, quelque chose change dans le regard de celui ou celle qui m'écoute. C'est plus marquant lorsqu'il s'agit d'un homme. Comme si je voyais passer dans son esprit un ensemble de présupposés, de fantasmes, certains plus attractifs que d'autres… Aller plus loin et leur dire : « Je suis sorcière », c'est encore plus marquant, plus détonnant, c'est se placer en marge, se dire prête à faire exploser les structures. Comme si le mot portait déjà une révolution en soi. « Sorcières de tous les pays, unissons-nous ! » ai-je envie de proclamer. Si mon interlocuteur est une femme, l'énergie est bien différente. Elle perçoit tout de suite le potentiel porté par ce mot. Ce dernier devient passerelle, complicité, ouverture, connivence, enthousiasme parfois. Je ne peux que me réjouir que cette figure soit devenue une telle source d'inspiration, de relation, une guide, une compagne de route pour tant de femmes.

Dois-je pour autant éliminer les hommes de ma réflexion ? Je ne crois pas. Comme je viens de le dire, il y a dans ma compréhension de la sorcière des éléments qui relèvent bien du féminin – puisqu'on a tué les sorcières d'abord parce que c'étaient des femmes –, et qu'aujourd'hui on exerce encore pouvoir et domination sur de très nombreuses femmes dans le monde, sinon sur toutes, mais ces éléments sont historiques et politiques avant tout. Cela ne signifie pas que les hommes aient tous envie de maintenir un tel rapport de forces ou que certains ne se sentent pas concernés par ces prises de conscience. En outre, les questions de domination peuvent aussi concerner des hommes. Hommes appartenant à certaines minorités, hommes racisés, hommes marginalisés ou hommes refusant de collaborer. Il y en a de plus en plus, je trouve. Des hommes capables aussi de laisser s'exprimer une part plus féminine d'eux-mêmes, sensible, intérieure, ouverte, accueillante, tendre, affectueuse, acceptant les différences. Des hommes qui ont aussi envie d'expérimenter et d'extérioriser leur part de mystère, leur spiritualité, leur connexion aux autres et à la vie dans toutes ses dimensions. C'est pourquoi il m'arrive de m'interroger, avec une certaine suspicion, lorsque je vois la notion de féminin sacré faire la une des journaux féminins : ne s'agirait-il pas d'une nouvelle marotte, un nouveau grigri que l'on chercherait à offrir aux femmes pour les occuper, détourner leur regard des vrais centres d'intérêt, des vrais engagements, des vrais espaces d'influence, entre autres économiques et politiques, où elles – nous – pourraient franchement déranger ? Donc oui, reconnectons-nous à notre spiritualité, à notre part de mystère. Pour agir au sein du monde. Non pour s'en éloigner.

Ne nous leurrons pas : la sorcière n'est pas une image pop vide de sens et de contenu. Ce mot est un détonateur. Il porte en lui des siècles de terreur. Il est riche d'aspérités, de subversion. Il contient de l'inconfort et des difficultés. Oui, le mot sorcière sent le soufre. C'est pour ça que je l'aime, pour son ombre aussi, c'est pour ça qu'il me semble tellement important. Pour se l'approprier, vraiment, j'ai bien conscience qu'il va falloir qu'on ose aller plus loin, vous et moi. On n'a pas encore parcouru la moitié du chemin. Mais on a déjà fait les présentations ! L'heure est venue de passer à l'action. Pleinement. Profondément. Prendre les chemins noirs, ceux qui ne sont pas forcément balisés ni autorisés, ceux qui s'enfoncent au cœur des bois dont on ne sait pas toujours dans quel état on reviendra (mais, dans tous les cas, transformé). Plonger. S'immerger sans peur. Alors je vais essayer : poser mon cœur battant sur la table une fois de plus, me découvrir (dans tous les sens du terme). Y aller. Pour explorer, approfondir toute cette magie, et surtout se connecter à notre puissance – ensemble, toujours.

Voilà. Si nous nous retrouvons donc aujourd'hui, vous et moi, c'est probablement parce que nous sommes réconciliées avec notre âme de sorcière, c'est du moins ce que j'espère. D'une certaine manière, nous avons gagné : ce nom même, qui faisait grincer des dents, a été globalement reconnu et intégré comme une expression possible de notre féminin. Nous avons pu recontacter notre pouvoir, nous avons pu vibrer ensemble au cours des sabbats. Il reste pourtant beaucoup à faire. Il va falloir renouer avec tout ce qui a été effacé, nié, oublié. Pour s'ouvrir au monde dans sa totalité. Se reconnecter à ce qui constitue notre essence la plus profonde, prendre la vie à bras-le-corps – au sens quasi littéral du terme –, s'ouvrir à notre potentiel de création mais aussi de destruction, embrasser notre ombre. Et y aller. Ce n'est plus dans les bois que nous devons cacher nos rituels (ou pas toujours...). Mais bien au cœur des cités, immergées dans la modernité. La magie est un combat. C'est un art de la transformation, pour soi dans un premier temps mais surtout pour le monde. La magie s'inscrit au cœur de la politique, au cœur de la vie (et parfois de la ville). Pour moi, il ne peut en être autrement.

Le temps des reconnexions

Quoi que nous traversions, quels que soient les difficultés, les chaos, les aspérités, tout ce qui nous chamboule et nous déstabilise, je pense que nous avons la chance, et même une chance incroyable, de vivre ce moment présent. Nous expérimentons une période inédite, complexe et précieuse, et c'est une énorme leçon. Attention, je ne dis pas que c'est confortable. Cela ne l'est pas pour moi (même si je suis lucide sur les nombreux privilèges dont je bénéficie). Mais il me semble que nous sommes à une période charnière, un instant de défi, notre moment de vérité : chacun de nos actes peut être riche de sens ou en être dénué. Engagé ou déconnecté.

Je vais plus loin dans mes croyances. Comme je l'évoquais, je crois que nous vivons maintenant le pendant d'une autre évolution (celle où un monde bascule pour permettre l'émergence d'un nouveau), je veux parler de l'époque de la Renaissance – même si, pour ma part, je trouve cette appellation très discutable –, pendant laquelle on a brûlé les sorcières. Nul doute pour moi que cette chasse aux sorcières préparait le renforcement du patriarcat, les prémisses de la colonisation, l'essor du capitalisme, une « renaissance » accompagnée de multiples bouleversements comme autant de ruptures.

Rupture avec nos corps et la jouissance qu'il était susceptible de nous apporter avec la mise sous corset de tout le monde, les femmes et les hommes, pour entrer dans une sexualité homologuée, hétéronormée, destinée quasi exclusivement à gérer la fécondité, une sexualité formatée, pleine de peurs et de limites. Sexualité dont nous ne sommes guère sortis aujourd'hui, même si l'on perçoit un semblant de changement, de questionnement, une lumière vacillante au bout du tunnel.

Rupture avec les autres : la privatisation des terres autrefois cultivées collectivement a privé les plus fragiles de leur moyen de subsistance, générant de l'insécurité et donc de la peur, et a défait les communautés. Parallèlement, dans un monde où chacun était susceptible d'être dénoncé comme sorcière ou comme sorcier, les portes ont fini par se fermer et l'autre est devenu un danger. On s'est recroquevillé sur soi pour finir par expérimenter ce non-sens : la famille nucléaire, satellisée, chacun chez soi, où la solitude ne devient plus un choix, une richesse, une ressource, mais une souffrance, celle de l'isolement. Où l'on ne sait plus à quelle communauté l'on appartient, où l'on ne sait plus comment donner ou recevoir du soutien. Une société où il devient difficile de se rebeller, chacun seul dans son coin.

La rupture avec la nature semble aller jusqu'au paroxysme : le capitalisme a fini par nous faire croire que le monde (et même les autres) était un ensemble de ressources inertes à exploiter, générant vis-à-vis de la planète un rapport conquérant, préempteur et agressif. L'homme, je veux dire l'humain, a fini dans son immense orgueil par oublier qu'il était la nature, et qu'en poussant cette logique à l'infini il était en train, quasi littéralement, de scier la branche sur laquelle il était assis. Peut-être est-ce une chance et peut-être cette catastrophe (en attendant les suivantes) va-t-elle finir par diminuer le prestige et la suffisance de cette société technicienne dite moderne. Peut-être va-t-on commencer à envisager qu'il existe d'autres manières de vivre, de partager les territoires, de se déplacer, de s'aimer, de se nourrir. Peut-être. « Quand un système d'appréhension du monde qui se présente comme suprêmement rationnel aboutit à détruire le milieu vital de l'humanité, on peut être amené à remettre en question ce qu'on avait pris l'habitude de ranger dans les catégories du rationnel et de l'irrationnel* », souligne Mona Chollet.

Côté rationnel, il y avait la science, une certaine idée du progrès. Côté moins rationnel, il y avait les croyances, les religions. Finalement, on prend conscience petit à petit que, d'un côté comme de l'autre, les choses ne sont pas si contrastées. Que l'idée du progrès est une croyance comme le reste, et que les religions sont basées sur des rapports de pouvoir pour le moins humains ! Les religions dites du Livre, religions patriarcales s'il en est, ont en effet fini, en un tour de force historique, par s'approprier l'exclusivité du lien avec le divin, comme si nous avions besoin d'intermédiaires pour vivre et exprimer notre foi, notre spiritualité, pour se connecter à notre mystère intérieur. Alors qu'il pouvait sembler complexe de remettre en question cette manière de voir et de penser, il s'agit paradoxalement d'un terrain où nous, celles que l'on peut appeler les sorcières d'aujourd'hui, avons trouvé le plus d'écho. Les personnes qui viennent nous voir sont extrêmement friandes de savoirs magiques, de reconnexion intérieure, d'apprentissages sacrés. Trop ? De cérémonies en rituels, de covens** en initiations, je m'interroge aujourd'hui sur la tentation que nous pourrions avoir, après nous être ainsi retrouvées, à rester entre nous pour réaliser notre magie bien à l'abri, loin du monde. Tranquilles. Oui, la référence à la sorcellerie s'inscrit dans une démarche spirituelle. Je n'ai aucun doute à ce sujet, et cela explique probablement le succès de l'idée de féminin

* « Tremblez, les sorcières sont de retour ! », *op. cit.*

** Un coven est un clan de sorcières.

sacré. Je crois pourtant que cela ne suffit pas. J'aspire à rendre à la sorcellerie sa place au cœur du politique, non comme une activité ludique, mais bien parce que cela nous permet d'inviter nos multiples pouvoirs dans un espace où se jouent de multiples choix qui engagent et qui nous engagent.

De la spiritualité en politique

Je crois que cette libération énergétique, cet éveil des consciences, ces rituels d'incarnation doivent se faire au service d'un projet, projet qui ne peut s'inscrire que dans la réalité du monde tel qu'il est et non en marge de celui-ci. Parce que c'est un projet qui dépasse l'individuel pour se tourner vers le collectif, il ne peut donc être que politique au sens noble du terme, celui d'autogestion et de transformation de la cité, de participation, de coconstruction des décisions, afin, je crois, de mettre tout notre poids dans la balance du côté de la lumière, de l'ouverture, de la tolérance, du non-jugement, de l'accueil de la différence. Inscrire la magie dans une démarche collective me semble être la route à poursuivre aujourd'hui. Le monde ne m'a pas attendue pour cela. Starhawk, notre sorcière en cheffe à toutes* (!), n'a cessé de souligner l'importance de cette articulation entre revendications politiques et pratique spirituelle. Si elle a été entendue aux États-Unis, son écho est beaucoup plus modeste en France. Il me semble néanmoins important que nos choix, nos pensées et nos actions associant politique et spiritualité prennent un tournant plus large. Nettement plus large. Si j'ai fini par écrire ce livre, c'est pour cela. Parce

* Même si elle se revendique davantage comme la sorcière en cheffe des États-Unis !

que je crois profondément que si l'on a brûlé les sorcières en place publique, c'était pour les faire taire, pour leur faire peur, pour intimider les femmes, pour qu'elles renoncent à leur pouvoir. Collectivement. Et pour longtemps. La boucle ne sera bouclée que lorsque cette peur d'être nous-mêmes, de parler à voix haute, de nous relier les unes aux autres pour penser, questionner et agir, aura cessé. Lorsque les femmes seront elles-mêmes, libres, en sécurité, partout dans le monde, comme elles le voudront, comme elles l'entendront. Et pas seulement les femmes, les enfants aussi, l'autre, les autres, tous les autres. Tous les « différents ». Tous ceux qui ne bénéficient pas du fonctionnement de ce monde qui dysfonctionne, et ils sont nombreux.

Il ne s'agit donc pas d'opposer spiritualité et activisme ni de choisir l'un au détriment de l'autre. Il s'agit au contraire de les unir, comme les deux faces d'une même médaille. De faire l'effort de se souvenir de cette double appartenance. Notre nature humaine et notre nature divine. « Nous avons oublié notre véritable identité, qui nous relie aux deux principes du créé : le vide et le plein, le visible et l'invisible, le dicible et l'indicible, le palpable et l'impalpable. La voie terrestre et la voie intérieure* ! » Comme une respiration, concilier la contemplation et l'action, le prosaïque et le sacré, le yin et le yang, le féminin et le masculin, aspirer à la totalité.

Nul doute alors que le terme de sorcière est ici un terme générique, dépassant largement une vision romantique, pour évoquer celles et ceux qui pensaient autrement, qui étaient hors du moule, hors du cadre, qui contestaient – parfois par leur existence même –, mettaient des bâtons dans les roues de cette nouvelle ère qui s'inventait.

* Christiane Singer, *Du bon usage des crises*, Albin Michel, 2001.

L'archétype de la sorcière est en quelque sorte l'Autre de la culture occidentale moderne capitaliste. C'est aussi la thèse défendue par le philosophe Mohammed Taleb*, qui voit dans le massacre des sorcières de Salem le « fait primitif » de la modernité capitaliste**. La sorcière, en évoquant le magique, le féminin, l'intuitif, l'immanence et l'irrationnel, s'oppose à ceux pour qui seuls existent les phénomènes « rationnels », c'est-à-dire explicables par la science à partir de ses présupposés matérialistes et réductionnistes. Et c'est donc progressivement, au fil du temps, qu'une telle idéologie, celle du progrès, de la médecine toute-puissante, de la loi de l'argent-roi, du déni de la mort, de l'abus de pouvoir sous de multiples formes, a pris les devants, se présentant comme la seule option, la seule évolution possible pour l'humanité – toute l'humanité –, quel que soit le prix à payer. C'est ce monde-là qui s'affaisse sous nos yeux. Je ne doute pas que les tentatives seront nombreuses pour tenter de rattraper les choses, faire comme si cette crise (qui n'est ni la première ni la dernière) n'avait pas existé ou n'était qu'un soubresaut négligeable de l'histoire. Des éléments resteront, des manières de vivre subsisteront. Couche après couche, changement après changement, questionnement après questionnement, une mue aura lieu. La transformation ne se fera pas du jour au lendemain. Il faudra un siècle, ou deux. Peut-être moins. Avons-nous tant de temps que ça pour nous éveiller, pour devenir conscients, pour faire le deuil d'un monde et préparer de l'intérieur une autre

* Philosophe algérien et enseignant en écopsychologie, Mohammed Taleb travaille sur les interactions entre écologie, critique sociale, spiritualité et science.

** À ce sujet, Starhawk affirme que « la persécution des sorcières des XVIe et XVIIe siècles peut être vue comme un lavage de cerveau collectif, une conversion par la terreur vers l'idée que le pouvoir des femmes, et tout autre pouvoir non validé par les autorités, est dangereux, sale et que c'est un péché ». (Introduction à son livre *Spiral Dance,* non traduit en français).

histoire, une autre aventure commune, avec d'autres mots, d'autres possibles, d'autres envies ? Je ne sais pas.

J'avance en terre inconnue. Je suis aussi cette terre inconnue. Cette réflexion est complexe, elle demande beaucoup d'attention, de discernement, de recul, de sagesse. Que je n'ai évidemment pas. Je suis hypersensible donc hyperréactive. Mes émotions me jouent des tours. Elles me permettent de me connecter facilement à l'autre, mais elles renforcent aussi ma vulnérabilité, mes errances intérieures. Avec l'âge, j'apprends à mieux gérer mes peurs, mes colères, à me centrer, à m'ancrer. J'ose aussi de plus en plus demander de l'aide, solliciter le regard des autres : comment interprètes-tu ce qui est en train de se passer ? Je n'ai plus besoin d'être celle qui sait, plus besoin d'avoir raison. Juste besoin d'être là, de manière sereine et authentique. Dire qui je suis et les méandres où je me perds parfois. Savoir que, dans un destin humain, la ligne droite n'existe pas. Je suis une sorcière et je porte en moi le destin de mes sœurs sorcières, mais aussi de leurs bourreaux. Je suis pacifiée. Je suis ici, nous sommes ici, pour que l'histoire n'ait pas à se répéter, pour oser transformer l'essai et enfin, ensemble, changer la donne en profondeur. Inventer une histoire de vie, de joie et de foi.

CHAPITRE 2

L'ART DU PARADOXE

« Il faut accepter de vivre la nuit, de faire monter le désespoir à la surface, afin que l'espoir ne soit pas songe creux, slogans insipides, afin que l'amour soit aussi colère, afin que la lumière affirme les ténèbres. »*

Starhawk

Notre force et notre vulnérabilité, l'envie d'intime et de collectif, notre ambition et notre désir d'être au service, notre colère et notre plénitude, notre soif de vie et notre goût de l'ombre : nous sommes tout et son contraire. Dans un monde binaire – où l'on rêverait qu'il y ait un bon et un méchant comme dans les films américains –, la complexité est difficile à assumer. Elle constitue pourtant la base de mon lien à la vie.

Ma culture thérapeutique est jungienne. Or la psychologie de Jung est justement construite sur cette idée de confrontation des opposés. Selon lui, c'est lorsque l'on accepte notre propre complexité, voire parfois notre dualité, que nous pouvons nous ouvrir à une nouvelle dimension de nous-même et donc à notre propre créativité.

* *Chroniques altermondialistes – Tisser la toile du soulèvement global*, traduit de l'anglais par Isabelle Stengers, Édith Rubinstein et Alix Grzybowski, éditions Cambourakis, 2016.

Même notre énergie vitale est en désunion fondamentale : le désir engendré par la pulsion s'oppose à un refus intérieur tout aussi puissant de ce même désir. Pour le dire simplement, nous voulons quelque chose et ne la voulons surtout pas à la fois. L'opposition dynamique et l'union entre le yin et le yang, la lumière et l'ombre, le masculin et le féminin en sont des exemples connus. Plus on cherche à ignorer notre complexité, moins bien on se porte. Accepter notre ambivalence nous permet de la dépasser, de nous réinventer, et surtout d'avancer.

Sortir des caricatures

Les messages des médias, comme les personnages de cinéma, sont l'inverse de tout ça. Ils sont caricaturaux et radicaux. Bons ou mauvais. Un peu comme des personnages de contes de fées. Et l'injonction est forte soit de leur ressembler – pour les « gentils » –, soit de ne surtout pas être comme eux – pour les « méchants » ! Comprendre que nous sommes et gentils et méchants en même temps est un grand soulagement. Nous n'avons plus besoin de culpabiliser, de nous justifier, de faire semblant, de nous lancer dans un vaste programme de réparation de soi. Nous avons plutôt besoin d'apprendre progressivement à sentir, au cœur de nous, ce qui nous fait parler, agir, à trouver le moteur de nos comportements. C'est la conscience qui permet la transformation, pas les bons sentiments. Mais cette conscience nécessite que l'on accepte de sortir des jeux de rôle, d'une perfection imaginaire qui nous fait rejeter à l'extérieur nos propres parts d'ombre, ou qui nous fait dire « c'est la faute de l'autre » afin d'éteindre notre responsabilité dans tous les domaines de notre existence.

C'est vrai, parfois je ne suis pas fière de moi, parfois je cède à la petitesse, au mensonge, à la facilité. Pas vous ? Pourquoi est-ce si difficile à reconnaître ? La question ici n'est pas celle de la culpabilité mais bien celle de l'honnêteté et de la lucidité vis-à-vis de soi-même. L'ombre n'est que de la lumière qui demande à être transformée. Ces écueils constituent autant de possibles voies d'ajustement, autant de possibilités de bâtir autrement pour sortir de son statut de bourreau ou de victime, pour grandir en s'affranchissant de ce qui nous entrave, pour éclairer notre chemin afin d'aller vers un possible changement – plutôt que d'essayer de croire et de faire croire que nous sommes parfait(e)s. Je ne le suis pas. J'imagine que vous non plus.

Je pense que les sorcières ont toute leur place ici. On les a tuées car elles n'entraient justement pas dans les cases du féminin idéal tel que leur époque les percevait. Dans le monde de la Réforme et de la Contre-Réforme obsédé par le péché, la dissonance était totale. Mais un tel questionnement reste d'actualité aujourd'hui. On attend toujours des femmes en particulier, mais aussi des citoyens en général, un certain type de comportement. Et on va valoriser celui-ci par l'intermédiaire des différents médias à la disposition des élites et/ou des autorités, que ce soit par l'utilisation de publicités, de discours, ou en mettant en avant certains livres, films et autres vecteurs comportementaux.

La première étape de notre liberté consiste donc à se libérer de l'idée qu'il existe une bonne et une mauvaise manière d'agir. Il existe (peut-être) une manière juste, alignée, pour une personne donnée à un moment donné. Mais celle-ci est quasiment impossible à dupliquer. Donc, oui, c'est compliqué. Donc, oui, il faut mettre en place une boussole intérieure, valable pour soi et pour soi seul(e). Boussole relevant de l'éthique et non de la morale, c'est-à-dire d'une réflexion personnelle et non d'une autorité extérieure pourvoyeuse de bons et de mauvais points.

Pour ma part, les choses sont claires. Je n'ai plus envie d'être la personne parfaite que l'on m'a incitée à être, que ce soit dans ma famille, au catéchisme ou à l'école et, plus tard, sous l'influence des magazines féminins ou des séries américaines. Ce n'est pas une histoire de rébellion : juste que cela ne mène nulle part, juste que cela me fait passer à côté de ma vie. Ce syndrome de première de la classe, cette dichotomie du monde entre ce qui est bien et ce qui ne l'est pas, entre ce que j'étais censée faire ou ne pas faire, m'a coûté une énergie considérable. Le mental toujours aux aguets et l'inquiétude au ventre, car bien sûr, dans un tel contexte, on ne se sent jamais assez comme on devrait, et on n'a pas la sensation de fournir les efforts suffisants. Et pourtant je n'avais pas particulièrement de prédisposition pour me conformer aux différentes injonctions ! Régulièrement, je vois avec mes patients combien il est difficile de dénouer petit à petit cette toile des attentes des autres qui nous enferme et à laquelle on se conforme. Par peur. Par loyauté. Par timidité. Par paresse. Parfois par bêtise.

Alors si les autres cessent de nous montrer le chemin entre ce qui est bien et ce qui ne l'est pas (selon leur conception, du moins), nous n'avons plus le choix : nous ne pouvons compter que sur nous-mêmes, sur nos désirs, nos plaisirs, nos ressentis, nos peurs, nos espoirs. Nos contradictions. Mais aussi, et c'est tellement important, nos intuitions, nos guides. Tout ce kaléidoscope constitué de mille ombres et lumières que l'on porte à l'intérieur de soi et qui forment une personne singulière. Tout cet ensemble qui scintille au gré du vent et des rencontres, capable éventuellement de se connecter à d'autres dimensions, et qui fait que ce qui me parle aujourd'hui fait résonance un temps mais ne le fait plus après. Qui fait que je peux me sentir invincible un jour et abattue le lendemain. Comblée lundi et jalouse mardi. J'ai bien conscience que le monde extérieur peut interpréter ce comportement comme de l'instabilité, voire comme une pathologie. Le monde aspire à une réalité carrée, constante, sans « mauvaises surprises » – enfin, ce qu'il considérera comme des ennuis potentiels. Je suis d'accord qu'il est possible, voire nécessaire, d'avoir une forme de régularité. Ne serait-ce que pour pouvoir « faire société », et donc avancer sur un projet commun. Néanmoins, il me semble salutaire également de concevoir qu'il puisse exister de l'irrégularité dans la régularité, et du changement dans l'engagement. Ce n'est pas simple ni forcément facile à gérer. C'est juste humain.

La complexité d'une pensée vivante

Le problème de la complexité est qu'elle nous empêche d'être là où notre époque adore aller : le prêt-à-penser. Elle nous invite à nous interroger avec régularité, ce qui peut constituer autant de freins à l'action. Paul Valéry disait : « Ce qui est simple est souvent faux. Ce qui ne l'est pas est inutilisable. » Ne pouvons-nous pas alterner les différents temps, réflexion et action ? D'ajustement en ajustement, construire notre route ? Ce qui nous impose, en passant, de renoncer à l'idée que l'on sait où aller. Pour ma part, je ne sais pas. Et lorsque les gens m'interrogent sur mes nouveaux projets, je suis bien en peine de leur répondre. J'accepte l'idée que mon envie d'aujourd'hui ne sera pas nécessairement celle de demain et que, en soi, cela n'a pas vraiment d'importance. J'apprends à me comprendre et à me respecter en refusant ces illusions simplificatrices et rassurantes au profit d'une pensée complexe plus déstabilisante. J'adhère de plus en plus à cette position de mon amie Laurence Bibas : Ne s'attendre à rien, être prêt à tout*. Je ne m'attends pas à grand-chose, et je me réjouis d'avance des surprises qui peuvent s'inviter dans ma vie. Danser avec l'existence, danser avec la pensée, avec la complexité du monde. En fait, je crois que nous n'avons pas le choix. « La paresse de l'esprit », selon la formule d'Edgar Morin, est bousculée par cette forme de pensée vivante, qui nécessite un effort important pour mieux en comprendre les enjeux et les défis.

Par l'acceptation de notre complexité, on finit progressivement par sortir de son personnage, par faire taire le mental et son perfectionnisme afin de mieux sentir pour mieux s'accueillir et mieux s'aimer. On ressent avec davantage de profondeur ce qui est susceptible de mobiliser nos énergies, ou pas. Un chemin intérieur se dessine. Dans l'histoire que l'on se raconte sur nous-même et qui constitue une grande part de notre discours intérieur. Une conscience de nous-même émerge peu à peu. Ce terme, la conscience, est à la fois simple et complexe. Nous avons l'impression que nous sommes conscients au sein de notre quotidien. Et pourtant… Entre faire quelque chose et avoir conscience de son action il existe un gouffre (quant à avoir conscience des conséquences de son action, n'en parlons même pas !). Nous le sentons : combien de fois dit-on que l'on a fait quelque chose automatiquement, sans s'en rendre compte ? Non, nous ne sommes pas si souvent conscients de ce que nous faisons, ni même de ce que nous disons ! Le défi me semble pourtant ici d'élargir le champ de notre conscience, d'être le plus possible présents à nos actions, à nos pensées, à

* Titre de son livre aux Éditions Eyrolles (2020).

notre vie, d'essayer de saisir les enjeux de notre propre comportement, s'en amuser, se regarder fonctionner sans se juger. Donc oui, nous pouvons nous sentir à la fois forts et impressionnés, inquiets et confiants, solitaires et sociables… Oui, la situation actuelle est désespérée et, oui, je me sens pourtant pleine d'espoir. Oui, la joie et la peine se tissent l'une l'autre pour constituer notre toile d'humanité.

Entre ombre et lumière, le paradoxe constitue l'essence de notre vie. Il contribue à laisser émerger notre conscience, à faire grandir notre créativité afin de sortir du cadre des injonctions collectives et de nous réinventer. D'exprimer qui l'on est. Profondément. Et d'exprimer même ce qui n'est pas bienvenu, ce que l'on nous a appris à ne pas exprimer, à retenir, à cacher.

CHAPITRE 3

ÉLOGE DE MA COLÈRE

« La femme en colère se tait toujours, d'abord…
On a le temps de passer par tous les états de la terreur…
On ne sait par où, ni comment ça va éclater,
si ce sera en mots, si ce sera en cris, si ce sera en coups. »

Marie Billetdoux*

Je suis une femme en colère. Je ne sais pas nécessairement contre qui ni contre quoi. Pourtant je sens cette colère régulièrement en moi. C'est elle qui me donne le courage d'aller de l'avant, qui me permet de mobiliser mon énergie et, certains matins, de tenir debout. Envers et contre tout. Je ne sais pas si c'est « bien » ou pas, mais comme vous l'aurez compris, je fais plutôt fi de ce genre de jugement. J'ai conscience de cette colère et je ne souhaite pas pour l'instant qu'elle disparaisse. Je la revendique d'autant plus que je connais la force du tabou vis-à-vis de la colère des femmes.

Et pourtant… Je la sens comme un volcan qui couve, et qui risque un jour de tout bouleverser. #MeToo ne sera rien à côté ! Je suis à bout. Nous sommes à bout. Le monde l'aura bien cherché. Je ne veux pas être une

* *C'est fou… une fille*, Albin Michel, 2007.

femme « comme il faut ». Je veux être moi. Le passage entre les deux implique souvent de passer par la case « colère », je crois. Tout ce que j'ai retenu, contenu, avalé comme couleuvres. Tout ce que j'ai dit gentiment alors qu'à l'intérieur j'enrageais, je bouillonnais. Élever la voix, affirmer ma perception des choses, on ne m'a pas appris à le faire. J'ai souvenir de deux très grosses colères, que j'ai osé exprimer. Elles concernaient mes enfants. Et là impossible de m'arrêter, ce fut impressionnant, même pour moi !

Qui a peur de la colère des femmes ?

Selon les pays, la colère se traduit par des comportements et des dynamiques différentes. Pourtant, si dans la quasi-totalité des cas, la colère (publique) de l'homme semble (plus) légitime – surtout s'il est blanc et qu'il appartient à la classe dominante –, celle de la femme fait peur et peut apparaître comme hors de contrôle et bouleverser l'ordre, qu'il soit familial ou public. Pendant longtemps, elle a été rattachée à l'hystérie, voire à la « folie », et il nous reste quelques empreintes de cette perception des choses. Alors que la colère des hommes semble attachée à un sentiment de puissance, les femmes, elles, l'associent au contraire à un vécu d'impuissance.

Même si ces représentations sont largement remises en question actuellement (et c'est tant mieux), nos existences restent ainsi régies par de telles généralisations binaires, entre les hommes qui peuvent (ou doivent) se comporter d'une manière, et les femmes qui peuvent (ou doivent) se comporter d'une autre manière. Il est néanmoins impossible d'oublier qu'être une femme ou un homme ne se caractérise ni par les organes génitaux, ni par les hormones ou les chromosomes qu'il ou elle possède, mais bien par le genre auquel il ou elle s'identifie. Si de mon côté, il m'arrive lors de mes réflexions – dans ce livre ou ailleurs – d'évoquer « les hommes » et « les femmes », c'est davantage pour examiner les présupposés sexistes véhiculés par la société, cette forme de bagage psychique avec lequel nous évoluons aujourd'hui collectivement. Il ne s'agit bien sûr pas de chercher à les enraciner dans nos comportements, mais juste de souligner que ce sont des déformations de pensée qui peuvent amener à des perceptions discriminantes de notre vécu (et de celui des autres).

Le petit garçon va ainsi vite comprendre que sa colère est susceptible de renforcer son pouvoir, là où la petite fille retiendra que sa colère risque d'entacher sa féminité et qu'elle pourra alors être jugée comme non attractive, aigrie et déplaisante si elle ose s'aventurer dans cette direction. Elle n'apprendra donc pas à l'accepter ou à la gérer mais plutôt à la redouter, la refouler et à la dissimuler. Faisant preuve d'une grande inventivité, la société n'a de cesse de pathologiser cette fureur des femmes : on traitera les « coléreuses » d'hyperémotives, d'irrationnelles, de confuses, d'hostiles, de désagréables ou de « mal baisées ». Les études citées par Soraya Chemaly* montrent bien d'ailleurs que, lors d'une discussion, nous sommes tous et toutes susceptibles de nous rallier à la position d'un homme en colère. Pas s'il s'agit une femme. Oui, encore maintenant, la colère augmente le pouvoir des hommes et affaiblit celui des femmes.

Il existe néanmoins quelques espaces où la colère des femmes est tolérée, voire valorisée : lorsqu'elle s'exprime dans les rôles que la société a spécifiquement dédiés aux

* Soraya Chemaly, *Le Pouvoir de la colère des femmes*, traduit de l'anglais par Hélène Collon, Albin Michel, 2019.

femmes et qui vont de ce fait confirmer ces stéréotypes de genre. Nous avons le droit de nous emporter en tant que mère, ou en tant qu'enseignante ou soignante. Mais si cette colère s'exprime ailleurs, dans le monde politique et dans l'espace économique par exemple, des espaces dits « sérieux » où nous ne sommes pas totalement les bienvenues, cela peut être interprété comme le fait que quelque chose ne va pas chez nous. On nous tolère, on ne va pas en plus accepter que nous puissions être exigeantes et que nous explosions pour un oui ou pour un non ! Alors nous n'exprimons pas notre colère. Ou peu. A minima. Car nous avons bien sûr intériorisé toutes ces normes sociales : nous avons appris à masquer notre colère de mille manières, ce comportement nous semble d'autant plus nécessaire face à la perpétuelle menace souterraine de la violence masculine.

Les hommes aussi sont en colère

Je ne peux clore ce chapitre sans évoquer l'immense colère (intériorisée également) des hommes vis-à-vis des femmes – quand il ne s'agit pas de haine. Je vois dans toutes ces tentatives de nous soumettre, dans ces massacres, ces viols, cette volonté de nous bâillonner, une rage qui n'a rien à envier à la nôtre et qui est peut-être encore plus taboue. Selon moi (je dis bien que cela n'engage que moi !), cette colère est issue de l'abus de pouvoir quasi permanent que les mères s'octroient vis-à-vis de leur(s) enfant(s) en acceptant, voire en adorant, d'être au centre de leur vie, et réciproquement. Oui, je sais, l'organisation sociale nous pousse dans cette direction. Mais beaucoup d'entre nous, moi incluse probablement, avons beaucoup (trop ?) investi dans le territoire de la maternité. Je pense que le petit garçon a très peur de cette maman qu'il ressent comme « toute-puissante » et que cela enracine en lui beaucoup d'ambivalence par rapport au féminin. Chez les filles, cela entraîne une forme d'amour/haine tout aussi taboue*. Chez les garçons subsiste un amour un peu infantile et souvent beaucoup de haine qui s'exprime à travers des voies socialement « acceptées »**, qu'il s'agisse d'insultes courantes, d'agressivité, voire d'un comportement plus ou moins violent. D'après mon expérience, un garçon va rarement dire « je déteste ma mère », ni même « il m'arrive de détester ma mère » – ce qui serait la phrase la plus saine finalement –, mais il va tenter de prendre le pouvoir (de mille manières) sur les femmes qu'il côtoie dans sa vie. Comme une forme de vengeance, tel un plat qui se mange froid, qui en plus n'est pas destiné à la bonne personne ! Je pense qu'en outre l'éloignement des pères de la sphère familiale (avec le nombre toujours croissant de familles monoparentales) ne peut qu'amplifier un tel phénomène. Car alors, la mère a de plus en plus le champ libre pour exprimer sa (toute-) puissance… Cette colère des hommes est aussi légitime que la nôtre, et le jour où ils oseront l'exprimer (à la bonne personne), nous aurons collectivement bien avancé.

Cette colère nous est utile, aux uns comme aux autres. Elle pose nos limites (et nous alerte lorsque celles-ci ne sont pas respectées) et peut devenir moteur de changement. En exprimant ma colère et en imposant peut-être à l'autre de l'entendre, en osant dépasser la peur de ma

* Qui connaît une fille qui a envie de ressembler à sa mère ? Moi pas ! Aldo Naouri a très bien évoqué cette thématique dans son livre *Les Filles et leurs mères* (Odile Jacob, 1998).

** Si je dis que ces comportements sont socialement acceptés, cela ne signifie pas qu'ils soient acceptables. Mais, dans un monde où seulement 1 % des viols entraîne une condamnation judiciaire, on peut dire que le viol est socialement « accepté ».

propre violence, je mets en avant ma croyance (mon illusion peut-être) que certaines choses peuvent changer. Dire « non, je ne veux pas », « non, je ne suis pas d'accord », « ce n'est pas normal », ou simplement dire « je suis en colère », de plus en plus souvent. Ne plus la taire : oui, je suis en colère. Je ne comprends même pas que l'on ne puisse pas être en colère lorsqu'on voit le monde tel qu'il est. C'est ma colère que je trouve légitime, pas le silence des autres. Peu importe si ça dérange, si ça déborde, si je ne suis pas bienvenue pour certaines personnes. « Une société qui ne respecte pas la colère des femmes ne respecte pas non plus les femmes en tant que personnes intellectuelles, sachantes, participantes actives, citoyennes* », explique Soraya Chemaly. Je dirais même « ne respecte pas les femmes » tout court. Ne nous excusons pas d'être en colère. Au contraire. Soyons, hommes et femmes, fiers. Nous avons le droit de ressentir librement toutes les émotions de notre choix. Nous n'avons pas à être pénalisé(e)s pour ça.

Et si notre colère n'est ni attractive ni jolie – ce qui constitue presque un péché originel dans un monde où la valeur et la sécurité des femmes se basent en grande partie sur leur potentiel attractif, sexuel et reproductif –, tant pis ! De toute façon, il va falloir aussi bousculer tous ces idéaux de féminité. Tout déconstruire. C'est vrai, notre rage peut venir bousculer le confort de l'ordre établi. N'oublions pas qu'il s'agit de l'ordre établi des hommes. Ce n'est clairement pas le nôtre… Ne laissons pas non plus notre colère prendre la forme d'autres émotions plus tolérées (voire valorisées) chez les femmes, comme la tristesse. Pour ma part, je ne suis pas triste. Franchement pas. La tristesse va de pair avec la résignation. Et s'il y

* *Le Pouvoir de la colère des femmes*, *op. cit.*

a bien un sentiment que je connais peu, c'est celui-là. Je peux être découragée, fatiguée, excédée. Mais triste, non. La colère amène une possibilité de résistance active et d'évolution, elle apparaît comme un outil contre les injustices, un moteur, une énergie à prendre à bras-le-corps. C'est pour cela que les tenants de cet ordre établi ne souhaitent pas voir les femmes s'en emparer (de manière consciente et inconsciente). Car c'est en délégitimant la colère chez les femmes, mais aussi chez toutes les minorités, que le patriarcat et la domination blanche peuvent perdurer. Autant de raisons d'aimer cette force éruptive, de la respecter et de l'honorer.

Comment ? En reconnaissant que les émotions n'ont pas de genre, et que ce qui est légitime chez l'un l'est également chez l'autre. En cultivant la conscience de soi, ce qui signifie prendre le temps de se connecter à son ressenti : Qu'est-ce que je souhaite vraiment ? Cette situation me convient-elle, ou pas ? Est-ce que je ressens le besoin de poser des limites, mes limites ? Oser déplaire, dire non, ou dire oui, même si cela va à l'encontre de ce que l'on nous a transmis, de ce qui est attendu, même si l'on sent que l'on risque de choquer et que ce n'est pas bienvenu. Et enfin parler de sa colère, avec ses proches, puis avec les moins proches, parler à tous de la colère et de ses bienfaits, aux petites filles en particulier.

« Un des enseignements les plus surprenants et les plus révélateurs du mouvement #MeToo est qu'il a fallu beaucoup, beaucoup de femmes en colère pour faire réagir le grand public* », poursuit Soraya Chemaly, regrettant que chaque colère individuelle soit rarement perçue comme légitime. Mais le vent n'est-il pas en train de tourner ? La colère de Greta Thunberg, malgré l'agacement de ses

* *Ibid.*

détracteurs, ne nous montre-t-elle pas que quelque chose est en train de bouger ? À elle seule, la jeune militante écologiste suédoise a mis des millions de personnes dans la rue et semble capable de déplacer des montagnes. En France, c'est l'actrice Adèle Haenel qui exprime sa colère : « Je suis vraiment en colère. Mais la question ce n'est pas tant moi, comment je survis ou pas à cela. Je veux raconter un abus malheureusement banal, et dénoncer le système de silence et de complicité qui, derrière, rend cela possible*. » Et le changement n'est pas tant que l'actrice puisse exprimer sa colère, mais aussi que celle-ci soit enfin entendue, à tous les niveaux de la société. J'ai bien conscience que rien n'est gagné, je dis simplement (pour m'en réjouir un peu) qu'un changement est à l'œuvre.

Être en colère nous permet de ne pas oublier que tout cela n'est pas normal et d'espérer qu'un jour nous n'aurons plus à nous mettre dans cet état. Nos colères, à la fois singulières et solidaires, sont en train d'émerger. Comme autant de vagues irrépressibles permettant de sortir enfin du déni, comme autant de voix capables de partager une nouvelle réalité, d'avancer avec détermination. Et avec courage.

* Interview publiée par le site *Mediapart* le 3 novembre 2019 dans laquelle l'actrice accuse le réalisateur Christophe Ruggia d'attouchements et de harcèlement sexuel alors qu'elle avait entre douze et quinze ans.

CHAPITRE 4

LE COURAGE, LE CŒUR À L'OUVRAGE

« C'est en travaillant la vulnérabilité du corps humain qu'on découvre le courage. »*

Chögyam Trungpa

Le courage : un mot un peu désuet, qui semblait passé de mode. Ce n'est que récemment que j'ai pris conscience de son importance. Dans ma vie en tout cas. Je parlais davantage d'enthousiasme, de liberté ou d'engagement jusqu'à ce que cet autre sentiment vienne s'intercaler, celui que Platon considérait d'ailleurs comme l'une des quatre vertus primordiales**.

Pour la philosophe et psychanalyste Cynthia Fleury, qui cite dans un article paru dans la revue *Études* Vladimir Jankélévitch, « le courage est la vertu "réussie entre toutes", l'élément qui rend "les autres vertus efficaces et opérantes" ; et peut-être après tout "est-il moins une vertu lui-même que la condition de réalisation des autres vertus. Sincérité, justice ou modestie,

* Chögyam Trungpa, *Shambhala – la voie sacrée du guerrier*, traduit de l'anglais par Christian Gravel, Seuil, 1990.

** Les autres vertus étant, selon lui, la prudence, la tempérance et la justice.

elles commencent toutes par ce seuil de la décision inaugurale*”** ».

Au commencement en effet est le courage : il est une affaire de seuil, de saut, de ce premier pas qui fait toute la différence. Les courageux et les courageuses savent initier les choses. Le courage relève de la décision pure, originelle, et c'est un acte que l'on ne peut pas capitaliser : ce n'est pas parce qu'on a été courageux aujourd'hui qu'on le sera demain, et que cela nous absout de l'être à nouveau. Il y a dans le courage l'idée de recommencer sans cesse et sans se décourager. Un épuisant engagement à la Sisyphe parfois. « Le courage est sans victoire. [...] Plus l'on sera aux confins du découragement et plus l'on sera près du courage. Le dépassement de soi se fait dans l'épreuve du vide. C'est là son caractère initiatique. [...] Il y a initiation parce que les entrailles font mal***. » Et cette initiation est sans fin, car l'ampleur de ce qui reste à faire continue à nous impacter, à nous mobiliser et à nous serrer le ventre.

Le cadeau de l'incertitude

Le courage avait disparu. Le voici qui réapparaît, par-delà l'érosion de soi. Dans notre monde chauffé, climatisé, sécurisé, l'incertitude nous a fait un cadeau : sortir de notre train-train pour voir au-delà de nous, oser se mettre debout. Malgré la peur, le danger ou la fatigue, et au nom de certains idéaux, certains choix de société. Notre monde jusqu'alors valorisait à l'excès certains courageux, les idéalisait, en faisait des héros inatteignables, souvent des

* Vladimir Jankélévitch, *Les Vertus et l'Amour* – Traité des vertus II, tome 1, « Du courage », traduit de l'anglais par Richard Gravel, Flammarion, coll. Champs essais, 2011.
** Cynthia Fleury, « Le courage du commencement », *Études*, janvier 2014.
*** *Ibid.*

hommes, cela va de soi. Je ne parle pas de ce courage-là. Je parle de celui qui nous met en action, nous mobilise même pour de petites choses, de petits pas, quelles que soient les circonstances, parce que ce que nous défendons est plus important que notre confort, notre temps, voire parfois que notre existence. Le courage, ce n'est pas de se croire plus fort que les autres ou que les circonstances. Le courage, selon moi, c'est être qui l'on est. D'abord. Et faire ce que l'on a à faire. Malgré tout. Au-delà des jugements des autres, des croyances qui nous entravent, de notre propre tentation de tout arrêter. Continuer à avancer. La singularité des courageux est qu'ils sont prêts à payer le prix qu'il faut, à assumer en tout cas la portée éthique et politique de leurs décisions et de leurs choix. Malgré l'incertitude, le doute et l'incomplétude de leur savoir, ils choisissent de s'engager dans l'action, car ils savent qu'un tel pari est nécessaire. Les courageux et les courageuses ne prétendent pas tout savoir. Mais ils nous montrent aujourd'hui qu'il est vain de se gargariser de mots, que l'action est plus que jamais nécessaire. Même si l'on ne sait pas où l'on va. Surtout si l'on ne sait pas où l'on va.

Si elles n'ont pas l'exclusivité du courage, les femmes en sont néanmoins vraiment emplies. C'en est parfois impressionnant. Avec une forme de constance et de détermination qui force l'admiration, ce sont elles qui la plupart du temps gèrent les parents âgés, les enfants handicapés et assument la quasi-totalité du travail domestique – ce « travail invisible* » sous toutes ses formes, qui constitue l'une des clés de voûte de notre organisation sociale (et de notre PIB). Le confinement est venu

* Camille Robert et Louise Toupin, *Travail invisible – Portraits d'une lutte féministe inachevée*, Éditions du remue-ménage, 2018.

montrer, une fois de plus, qu'en cas de problème ce sont elles qui deviennent la variable d'ajustement du système. C'est sur elles que vont peser le travail supplémentaire, l'éducation des enfants à la maison, les repas à faire, plus tout le reste, le soin et le soutien pour gérer les états d'âme de chacun. Injustement.

Sous prétexte de courage, soyons vigilantes à ne pas être trop exigeantes vis-à-vis de nous-mêmes – au risque de nous effondrer. Les femmes sont deux fois plus nombreuses à faire un burn-out que les hommes. Pas étonnant : elles surinvestissent leur travail (les hommes aussi). Elles surinvestissent la maison (les hommes rarement). Mais ce perfectionnisme et cet entêtement à être conforme aux attentes des autres peuvent finir par devenir une forme d'autodestruction. Le courage, ne serait-ce pas aussi d'être capable de reconnaître ses limites, de savoir dire non, d'oser s'arrêter avant qu'il ne soit trop tard (et de s'appuyer si nécessaire sur sa colère pour y parvenir) ? Les féministes des années soixante-dix ne pouvaient pas deviner que cet accès au travail qu'elles revendiquaient nous enfermerait dans une double contrainte qui conduirait certaines au burn-out. Cela ne remet rien en cause de nos acquis. Cela doit juste nous faire prendre conscience que les changements doivent se poursuivre vers davantage d'égalité, d'engagement de tous et toutes à chaque niveau de conscience. Une fois de plus.

Oser vivre ses rêves

Dans son essai *Peut-être pas parfaite, mais diablement courageuse !**, Reshma Saujani nous explique que les femmes

* Traduit de l'anglais par Louise Sasseville, les Éditions de l'Homme, 2019.

ont depuis toujours été conditionnées à être parfaites, alors que les garçons sont encouragés à être courageux. On aurait enseigné aux femmes à ne pas prendre de risques et à éviter les situations propices à l'échec. L'auteure, également politicienne et avocate, donne divers exemples où les femmes se contentent d'œuvrer dans des domaines où elles savent avoir du talent, donc là où elles se sentent à l'aise et confiantes. Peu à peu, cette façon de fonctionner les éloigne de leur créativité, de ce qui pourrait illuminer leur vie si elles sortaient de leur zone de confort pour aller vers l'inconnu. Si une situation nouvelle se présente, prisonnières de leur propre perfectionnisme, elles hésiteront avant de prendre une décision à même de bouleverser l'ordre habituel des choses. Reshma Saujani encourage les femmes à laisser tomber cette quête de l'impossible perfection et à oser sortir du rang. Pour se dire « oui » à elles-mêmes et ne plus réprimer leurs rêves, leurs ambitions et leurs aspirations. Elle considère que c'est d'autant plus important que ce mode de fonctionnement n'est pas sans conséquences. À force de vivre une existence sous le joug du perfectionnisme, on constate que les femmes sont impactées à de multiples niveaux : baisse de l'estime de soi, peur de tout ce qui est hors de leur contrôle, stress, déception, mauvais sommeil, dépression, etc. Les femmes ont donc tout intérêt à reconnaître qu'elles possèdent cette qualité !

Selon l'autrice, le courage est un muscle que l'on peut développer et renforcer. On pourrait déjà apprendre à montrer qui l'on est sans s'excuser. Comme la notion de courage est vaste, complexe et surtout personnelle, chacun a sa propre définition, ses propres limites, ses propres territoires d'expérience. Pour une personne, grimper à une échelle est un acte de courage, pour une autre, ce sera participer à une mission humanitaire dans un pays étranger. « Peut-être le courage est-il seulement la capacité de se porter à la hauteur de l'occasion, où que vous vous trouviez, analyse Starhawk. [...] Mais si je mérite un quelconque compliment pour mon courage, c'est pour ce que je fais maintenant, alors que je suis à la maison et en sécurité : ce combat quotidien pour rester ouverte à l'amour, la beauté de l'océan, aux herbes dans le vent, aux arbres, alors que je sais combien nous sommes tous fragiles et à quoi cela ressemble quand tout est dévasté*. »

Le courage se joue aujourd'hui, pas demain

Aujourd'hui, le travail qui nous attend peut sembler immense, écrasant à toutes les âmes de bonne volonté qui souhaitent renverser la vapeur et transformer ce monde. Et si l'on cessait de douter de nous ? Et si notre motivation à changer les choses pouvait nous tenir lieu d'étendard ? La peur, les catastrophes économiques ou sociales, la violence, les mauvaises nouvelles aux actualités peuvent remplir tout notre espace mental si l'on n'y prend pas garde. Notre responsabilité est d'agir autrement, d'ouvrir d'abord notre espace intérieur. De nourrir nos sources de vie et d'espoir, de nous ouvrir à la beauté du monde. Prendre le risque de l'espoir. Malgré tout. Oui, nous n'avons nulle part où aller si ce n'est vers l'avant. Faire un pas, puis un autre. En nous accrochant à notre foi comme à notre vision, en osant nous lever et marcher avec courage et détermination au service d'un projet peut-être maladroit, peut-être utopiste, mais qui nous tient à cœur. Le chemin vers demain n'est ni balisé ni cartographié.

* Starhawk, *Rêver l'obscur – Femmes, magie et politique*, traduit de l'anglais par Morbic, Cambourakis, 2015.

Honnêtement je ne sais pas où l'on va. Mais je sais qu'en marchant ici et maintenant, dignement, avec vous, je me sens libre, vivante, engagée, bien au-delà du sentiment d'étrangeté et de danger. Notre engagement ne se joue en effet qu'au présent. L'idée d'être courageux demain ne rime à rien. Le courage ne se conjugue pas au futur et encore moins au passé. Il se joue ici et maintenant. Irrémédiablement.

Avancer avec la peur

Si ce n'est pas maintenant, quand ? Si ce n'est pas moi, qui ? On peut aisément plagier les aphorismes du rabbin Hillel le Sage*. Le courage est ici aussi : s'il faut faire quelque chose, moi, je suis volontaire. Sans attendre qu'un autre, qu'un « on », cette personne qui n'est personne, me soulage de mes responsabilités. À force de vivre sous le signe du « on », la vie passe et nous oublie. Ou plutôt, nous l'oublions. « On vit sans vivre. On vit en attendant et la mort et la grâce, mais de façon si peu différenciée qu'on manquera les deux. Le courage, d'une certaine manière, c'est déjà cela : l'autre nom d'un rendez-vous avec soi-même** », rappelle Cynthia Fleury. Debout, je vis. Indignée. Entière. Incarnée. Si je renonce à ce que je crois, à mes valeurs, à mes principes, je finis petit à petit par éroder ce que je suis. J'en oublie qui je suis. Je reste sidérée par la peur et le quotidien. Notre lâcheté nous étouffe. Individuellement comme collectivement, et je crois qu'elle nous coûte plus cher que le courage, finalement. Vivre avec la peur est un enseignement. À force

* Hillel le Sage (110 av. J.-C.-10 apr. J.-C.) est considéré comme l'un des inspirateurs de la tradition rabbinique.

** « Le courage du commencement », *op. cit.*

de la regarder, de la transformer, de la vaincre, nous apprenons à nous dépasser.

La peur sévit partout, surtout lors des soubresauts du monde, surtout dans ces périodes de passage, de bascule. La peur rend les choses pires qu'elles ne sont. Elle biaise notre perception et notre capacité à traiter les informations. Elle nous amène à nous limiter, à nous censurer. La peur nous paralyse, c'est d'ailleurs pour ça qu'elle est aussi un excellent moyen de contrôle des populations. Il est important d'apprendre à la reconnaître dans nos corps, dans nos réactions, nos relations. Et lorsqu'elle est là, il faut savoir s'arrêter, respirer un bon coup et se demander : qu'est-ce que je ferais si je n'avais pas peur ? Alors, nous pourrons faire des choix, alors nous pourrons être responsables, tout en conservant et respectant notre vision. Le courage, je pense, se trouve à cet endroit-là. Il constitue le véritable contre-sortilège à la peur.

Dans *Les Misérables*, Victor Hugo le propose de cette manière : « Tenter, braver, persister, persévérer, s'être fidèle à soi-même, prendre corps à corps le destin, étonner la catastrophe par le peu de peur qu'elle nous fait, tantôt affronter la puissance injuste, tantôt insulter la victoire ivre, tenir bon, tenir tête ; voilà l'exemple dont les peuples ont besoin, et la lumière qui les électrise*. » Et si nous réapprenions à écouter ce que dit ce grand écrivain ? Et si, pas à pas, nous osions regarder et transformer ce que nous avons perdu, toutes ces connexions, ces éléments essentiels de notre réalité ? Il existe de multiples révolutions. Je crois que celle à laquelle, hommes et femmes, nous sommes invités va se jouer sur de nombreux plans. Il me semble que ce sont autant de transformations personnelles qui vont irradier le collectif, qui vont nous permettre – je ne

* Livre premier, chapitre XI, *Railler, régner.*

dis pas sans lutte ni sans engagement, mais peut-être sans combat – de tout changer.

Voici venu le moment de les détailler. Reconnexion à notre corps, aux autres, à la nature, à plus grand que nous. Plus qu'un programme, c'est un bouleversement complet. Il part du cœur de nous, du plus profond de nous. Si le monde extérieur est le reflet de mon monde intérieur, je mesure l'ampleur de la tâche, de cette œuvre sur moi que je dois poursuivre. La tâche est peut-être colossale, mais tellement enthousiasmante. Quelle marge de progression nous avons ! Ô combien nous pouvons agir pour le monde ! Chacun de nous. C'est l'immense privilège de cette époque. Comme je l'écrivais en introduction, chacun de nos gestes, et même chacune de nos pensées, compte. Tout compte.

CHAPITRE 5

L'INDISPENSABLE RÉCONCILIATION, MON CORPS ET MOI

« Cette saison, c'est toi, ma belle,
Qui a fait les frais de son jeu,
Toi qui a payé la gabelle,
Un grain de sel dans tes cheveux.
C'est pas vilain, les fleurs d'automne,
Et tous les poètes l'ont dit.
Je regarde et je donne
Mon billet qu'ils n'ont pas menti. »*

Georges Brassens

Au commencement était le corps. Le « je suis » incarné… Notre interface avec le monde. Pendant longtemps, on a grandi avec l'idée qu'il ne nous appartenait pas vraiment. Qu'il avait deux fonctions principales : susciter le désir et faire des enfants. C'est pourtant par lui que l'on peut se proposer une première reconnexion, une nouvelle transformation. Notre corps n'est pas là pour convenir aux autres. Le corps est là pour vibrer pour soi. Avant tout. Vibrer le vivant de chacun. Le fait de vivre une telle expérience d'incarnation en chair et en os est un don d'une puissance incroyable.

* Georges Brassens, « Saturne », chanson écrite et composée par Georges Brassens pour l'album *Les Copains d'abord*, 1964, © Universal Music Publishing Group.

Heureusement, les images du corps, la perception que l'on a de lui sont en train de changer. Et tout ce qui nous parlait d'uniformité, de conformité est en plein bouleversement. Voilà une bonne raison de se réjouir.

Ayant longtemps gagné ma vie comme journaliste spécialisée en bien-être et beauté, la question de la représentation du corps féminin, les injonctions et toute l'aliénation qui pouvait en découler (quand il ne s'agissait pas véritablement de double contrainte, du style « sois parfaite et décontractée à la fois »), ont été de plus en plus lourdes à porter et ont fini par m'ébranler. Je suis toujours dans un espace complexe à négocier, fait de réminiscences d'une vision conformiste de la féminité et de mon désir de m'affranchir de celles-ci. Les questions que je me pose pouvant concerner mon tour de taille, la couleur de mes cheveux ou les rides qui ne manquent pas de s'inscrire avec le temps sur mon visage. Je voudrais être libre de tout ça. Je sais que je ne le suis pas. C'est une vigilance de chaque instant de ne pas me réjouir lorsque quelqu'un me dit que je fais plus jeune que mon âge, de sortir des relations de séduction (envers les hommes comme envers les femmes) pour aller vers davantage d'authenticité, de me regarder sans émotion dans le miroir. Je vieillis, la belle affaire ! Et pourtant je constate que je joue régulièrement à cache-cache avec cette idée-là. Dans ma grande illusion de toute-puissance, je pensais vraiment – si, si, je le jure... – que je serais épargnée, que je resterais éternellement jeune, ou quasi. Je vous le concède, c'était stupide ! En outre, étant une professionnelle du soin de soi, j'espérais a minima pouvoir limiter les dégâts. Ce n'est pas franchement le cas. Ce serait drôle si cela n'était pathétique. Je pense en outre que cela concerne une immense majorité de mes contemporaines (au moins en Occident).

L'ambivalence du lien au corps

La lecture récente du livre *Beauté fatale** de Mona Chollet a été pour moi une respiration salutaire et une manière de mieux comprendre les courants contraires qui pouvaient me traverser dans mes envies de beauté (et de conformité). « Le corps est le dernier lieu où peuvent s'exprimer la phobie et la négation de la puissance des femmes, le refus de leur accession au statut de sujets à part entière ; ce qui explique peut-être l'acharnement sans bornes dont il fait l'objet. Quels que soient ses efforts pour se faire toute petite, une femme prend toujours trop de place », dit-elle en évoquant en particulier l'injonction à la minceur – voire à l'anorexie – des magazines féminins. Je ne regarde plus ces journaux-là. Ils me tombent des mains. Mais j'ai aimé les lire et aussi y écrire. Je pensais qu'ils me montreraient un chemin pour mieux m'accepter, m'aimer davantage. Avant que je ne découvre la supercherie : c'est l'inverse qui se produit. Moi qui n'ai jamais été sensible à la mode et qui pensais avoir une relation assez saine à mon propre corps, j'avoue avoir été rattrapée ponctuellement par de tels commandements. Néanmoins jouer sur le long terme à la femme-objet était trop loin de mon champ de compétences. Je n'ai pas été élevée comme ça, je ne sais pas faire. Et même si j'ai pu le regretter, je mesure à quel point cet « handicap » social m'a sauvée. Je peux m'intéresser au reflet de mon miroir quelques minutes, mais guère plus longtemps. « Le problème n'est évidemment pas qu'une femme puisse être envisagée comme un objet sexuel par des hommes qui, par ailleurs, la voient comme une personne globale, dotée d'un libre arbitre. Le problème est

* *Beauté fatale : les nouveaux visages d'une aliénation féminine*, Éditions La Découverte, coll. Zones, 2012.

qu'elle existe socialement comme un objet sexuel ; qu'elle soit réduite à cela et qu'elle ne puisse jamais affirmer pleinement sa dimension de sujet* », analyse Mona Chollet. Entre femme-sujet et femme-objet, je pourrais dire que mon choix a été vite fait. Mais l'honnêteté m'oblige aussi à dire que cela n'a pas été sans grincement de dents. Et je crois que si j'ai supporté si longtemps ce monde de la presse beauté, c'est qu'il y avait aussi quelque chose à pacifier pour moi de ce côté. C'est chose faite, il me semble. Du moins en grande partie. Je peux quand même mesurer le champ de souffrance et d'interrogations que toutes ces injonctions engendrent chez mes amies.

J'organise des Cercles de femmes sages (c'est-à-dire de plus de 45 ans) afin de sortir de la solitude (et des tabous) de nos multiples questionnements. Le premier de ces neuf cercles concerne justement notre rapport à notre image, à notre apparence. Je constate effectivement que ce n'est simple pour personne. Qu'avec le temps et le vieillissement, nous entrons toutes dans un rapport de négociation intense avec notre image. Que la sensation de devenir de plus en plus transparente aux yeux des autres, des hommes en particulier, est un virage difficile à négocier. Je mesure tout ce que nous avons investi dans cette représentation de nous-même. Qui suis-je si l'on ne me regarde plus ? Est-ce que j'existe encore ? Peut-on encore m'aimer ? Peut-on encore me désirer ? Ce questionnement clé de l'adolescence vient à nouveau nous bousculer. Et à nouveau nous faire souffrir. C'est tout un nouveau chemin de pacification, de maturation. De transmutation.

Ce qui nous apparaît comme un deuil est peut-être paradoxalement la plus puissante des émancipations. À partir du moment où je suis obligée de renoncer à cette

* *Ibid.*

représentation d'objet, soit je disparais (c'est une option), soit je deviens sujet. À part entière. Le mouvement change littéralement de direction. Alors que j'étais tellement habituée à ce qu'il parte des autres pour aller vers moi (en tout cas dans ce besoin de mon ego d'être le centre de l'attention), voici que je deviens pourvoyeuse d'énergie et de (re) connaissances : le mouvement part de moi et va (parfois) vers les autres. Je ne suis plus comme un bébé qui attend sa « dose » (d'attention, d'amour, ou de satisfaction), je me positionne en adulte prêt à vivre l'échange lorsqu'il se présente : parfois donner, parfois recevoir, parfois nourrir (au sens symbolique du terme), parfois être nourrie… En renonçant à une forme de reconnaissance, une reconnaissance que je qualifierais de sociale et infantile, une reconnaissance de façade, je peux accéder à quelque chose qui relève davantage du fond, du contenu, de l'essence de l'être. Ce n'est pas simple, j'en ai parfaitement conscience, mais c'est extrêmement satisfaisant. Interagir avec les autres sur la base de qui je suis et non de ce que je représente ou de l'image qu'ils ont de moi… Notre singularité, non notre conformité, constitue notre richesse.

Apprendre à s'aimer

Inutile quand même d'attendre la ménopause pour vivre cette mue ! Et je connais de nombreuses jeunes femmes qui ont, ici comme ailleurs, sauté les étapes et qui font preuve d'une vraie liberté dans leur rapport à leur corps, leur image et leur lien aux autres. Les différents mouvements *body-positive* ou *fat-activism* semblent être une émanation de cette nouvelle perception. Sortir des diktats (et des corps « photoshopés »), s'accepter tel que l'on est, avec ses kilos en trop (ou en moins), ses cicatrices, sa couleur de peau, ses rides et/ou son acné. Refuser que sa valeur puisse être conditionnée par son apparence : « Si je suis comme vous, vous pouvez arriver comme moi à apprécier la plupart du temps ce que vous êtes, car ce que vous êtes ne se résume pas à votre reflet, c'est la somme de vos choix, de vos envies, de vos gênes, de vos erreurs et de vos victoires », écrit la blogueuse Ely-killeuse. Le risque ici* – nous l'avons vécu avec les sorcières – est que ce mouvement spontané soit récupéré, qu'on en fasse une mode pour le rendre *mainstream*** afin de réaliser du marketing sur son dos… De l'assimiler jusqu'à le normaliser et/ou le faire disparaître (ce qui revient à peu près au même) alors qu'il est structurellement subversif. La partie est fine et complexe. Difficile de cautionner certains journaux féminins qui font leur beurre de cette dissonance : écrire « respectez-vous » et offrir parallèlement en pâture (parfois sur la page d'à côté) une publicité avec un mannequin « hypernormé » est, selon moi, une forme de violence.

En fait, la forme, la beauté, le bien-être – toutes les questions se rapportant au corps – sont loin d'être des problématiques uniquement individuelles (comme on voudrait nous le faire croire), mais relèvent également du champ du collectif : il s'agit de questions capitalistiques, genrées et même racées. On ne parle pas ici uniquement d'« amour de soi », mais bien de stratégies sous-marines élaborées pour gagner de l'argent aux dépens de certains groupes sociaux, en premier lieu les femmes, même si elles sont loin d'être les seules. Ce que nous avons à apprendre, moi y comprise, c'est de sortir des multiples

* Je ne parle pas seulement des nombreux livres, ni des « écoles », mais bien des produits de beauté, voire des objets divers issus d'un monde qui n'a rien à faire là et qui utilise juste une tendance pour en faire un marché.

** En faire un courant dominant, conventionnel, grand public.

conditionnements de mépris, de condescendance – également une position de sauveur face à la différence –, pour aller vers l'acceptation et le respect de tous les corps, de toutes les vies, de tous les âges, au-delà du handicap, de l'indice de masse corporelle, du genre, de la couleur de peau et de la fermeté de celle-ci.

Sortir des belles images

Bien sûr, tout cela vient considérablement bouleverser les relations hommes-femmes, le couple, l'idée même de la relation ou des relations, la rencontre, la sexualité. Au bout du compte, il était assez facile (et psychiquement économique) de se conformer à une image de la « femme idéale ». Aujourd'hui tout reste à inventer. Et chacun, chacune fait comme il ou elle peut, avec une charge mentale en hausse constante. La liberté n'est pas une idée simple. Elle nécessite une implication quasi permanente. L'objectif étant de sortir des images qui nous aimantent et qui sont des figures imposées par le collectif, pour se donner la possibilité de déployer nos ressources propres.

Je conseille régulièrement aux personnes qui me consultent de lire *Les Belles Images* de Simone de Beauvoir, paru chez Gallimard en 1966. J'aime ce roman trop peu connu de la philosophe, car il souligne à quel point nous cherchons à modéliser notre vie comme un film publicitaire. Et notez que ni les réseaux sociaux ni les filtres Instagram n'existaient à l'époque ! Il met en scène la prise de conscience d'une femme, Laurence, qui jongle avec ses rôles de mère, d'épouse dévouée, de maîtresse, de fille dont les parents vieillissent et de salariée. L'héroïne a alors du mal à définir qui elle est par rapport à toutes ces images parfois divergentes prédéterminées par la société.

Laurence constate que sa vie ne lui convient pas : elle la trouve froide, désincarnée, tout comme les slogans qu'elle invente dans son travail de publicitaire… Elle ne cesse de se demander tout au long du roman : « Qu'est-ce que les autres ont que je n'ai pas ? »

Toute notre société occidentale est en fait structurée pour nous faire croire que les autres ont quelque chose que nous n'avons pas, que notre corps n'est pas tel qu'il devrait être, que notre vie n'est pas aussi « réussie » qu'elle pourrait l'être, ces idées (fausses) sont la base même de la société de consommation. On cherche également à nous faire entendre que si nous nous conformons à telle recommandation de tel expert, que nous achetons tel objet, nous pourrions devenir vraiment heureux, satisfaits, en paix avec notre existence. Il s'agit bien sûr d'une illusion, d'une croyance erronée, et quoi que vous achetiez, quoi que vous fassiez, vous resterez insatisfait(e). D'abord parce que la direction n'est pas la bonne, et que le bonheur sous une forme ou une autre n'est pas à vendre. Mais surtout parce que la vie est complexe et que cette félicité n'existe pas. Il est possible de s'en rapprocher, mais le bien-être rencontré restera vulnérable, avec des hauts et des bas. Tant que l'on voudra croire qu'un état de béatitude infantile et constante est possible ici-bas, nous ferons fausse route.

Sexualité, ennuis et issues de secours

L'enjeu est encore plus marqué dans le monde de la sexualité, même si l'on peut également observer une évolution de bon augure. Pendant des siècles, des millénaires probablement, le monde de la sexualité a été celui de la conformité, de la domination, d'une impossible rencontre entre de multiples polarités. Aujourd'hui, un espace semble se créer, s'inventer. Tout devient possible. Les différences entre les sexes, ou même les notions de genre, sortent, elles aussi, de la dualité. Pour moi qui viens d'un milieu petit-bourgeois assez étriqué, cette prise de conscience a été un bouleversement (assez joyeux d'ailleurs). Nous voilà aujourd'hui les uns et les autres à un spectre impressionnant de possibles, et même le mot « femme » ne semble plus vouloir dire grand-chose : il peut représenter de multiples nuances, de la personne cisgenre*, intersexuée**, queer*** à la transgenre****. Au même moment, les adolescents affichent de manière de plus en plus décomplexée une liberté par rapport à ces nouvelles normes, se concentrant dans la relation sur la personne et non sur une sorte d'étiquette rassurante et restrictive.

Non pas qu'il ne reste pas de chemin à faire, mais nos oreilles commencent à s'ouvrir et notre cerveau à y penser : ainsi, il serait possible de faire autrement… Notre monde moderne est clairement sexuel. Pas forcément dans le bon sens du terme. Sexuel dans le sens que des images à caractère sexuel sont accessibles facilement, et pour tout le monde. Nos vêtements, notre langage et nos médias n'ont jamais été aussi sexuellement chargés. Le porno est devenu une « esthétique » dominante : l'épilation intégrale y est devenue une norme, et le simple fait d'y résister dans la vie quotidienne nous catalogue « harpie féministe » par

* Il s'agit des personnes qui s'identifient au genre qu'elles avaient au moment de leur naissance, à la différence des personnes transgenres.

** L'intersexuation, anciennement appelée intersexualité, est un terme biologique décrivant des personnes « nées avec des caractéristiques sexuelles qui ne correspondent pas aux définitions typiques de "mâle" et "femelle" », selon l'ONU. (Source : Wikipédia.)

*** De l'anglais *queer*, « étrange », « bizarre ». Une personne queer ne se reconnaît pas dans la sexualité hétérosexuelle et/ou ne se sent pas appartenir à un genre défini.

**** Ce terme désigne des personnes pour lesquelles l'identité de genre ne correspond pas au sexe assigné à la naissance.

le premier amant venu. Pourtant cette liberté apparente cache une réalité pour le moins ambivalente. Difficile de développer une sexualité individuelle satisfaisante au milieu de toutes ces images pour le moins injonctives. Et, malgré cette ambiance pour le moins aguicheuse, les chiffres de satisfaction ne montrent quasiment aucune évolution : un peu plus de la moitié des femmes ne passent pas un vrai bon moment au lit lorsqu'elles sont avec un partenaire. L'*orgasm gap*, ou écart orgasmique, est assez frappant : autour de 60 % des femmes jouissent lorsqu'elles font l'amour avec un homme, là où 95 % de leurs partenaires ont un orgasme. Et même si l'on peut suspecter les femmes de moins (se) raconter d'histoires que les hommes, l'écart reste net. Pourquoi ? Ah ah, franchement, on ne sait pas vraiment. La sexualité féminine a été si peu étudiée que, même si l'on mettait désormais les bouchées doubles, il faudrait un certain nombre d'années pour rattraper le retard emmagasiné. Une étude menée en 2006 sur le corpus de la Bibliothèque nationale de médecine américaine a montré qu'il y existait 14 000 publications sur les troubles sexuels masculins et 5 000 sur les troubles sexuels féminins…

Toute l'histoire du clitoris souligne l'importance de ce désintérêt médical, sinon de ce déni. En 2009, deux gynécologues français, Pierre Foldes (spécialiste de la réparation de l'excision) et Odile Buisson, réalisent pour la première fois des échographies du clitoris, notamment pendant le coït, pour mieux comprendre la physiologie et les mécanismes du plaisir féminin. En 2016, la chercheuse indépendante Odile Fillod a l'idée de modéliser en 3D et à taille réelle le clitoris*. Avec cette modélisation, le

* Cette modélisation est en accès libre sur Internet pour pouvoir être imprimée grandeur nature en 3D.

clitoris, à l'instar du pénis, trouve enfin sa place dans les manuels scolaires (tout du moins certains). Grâce à leurs recherches, nous avons pris conscience que le clitoris ne se limite pas à ce petit bouton hypersensible situé en haut de la vulve, mais que sa partie principale à la silhouette de cygne est dissimulée sous la surface de la peau, à l'intérieur du corps. « Comme un iceberg du plaisir », s'en amuse l'autrice et journaliste canadienne Sarah Barmak. Notre rire sonne quand même légèrement faux : comment se fait-il que cet élément de notre anatomie soit resté si longtemps méconnu ? Pourtant, le clitoris avec ses huit mille terminaisons nerveuses est sans doute l'unique organe humain dont le plaisir soit la seule raison d'être... Ou est-ce justement parce que cet organe exclusivement dédié au plaisir ne collait pas avec l'image que l'on avait des femmes ou que la société voulait en avoir ? Et même le vieux débat – vaginale ou clitoridienne ?! – semble aujourd'hui totalement dépassé lorsque la majorité des spécialistes évoquent l'idée d'un ensemble plus vaste, le complexe clitoro-urétro-vaginal (CUV), ces trois organes interagissant de manière dynamique pour la survenue de l'orgasme. Tout cela est loin d'être anecdotique. Tout cela parle des femmes, de leur droit au plaisir et de leur place au lit comme au monde.

Pendant des siècles, la sexualité féminine s'est trouvée résumée à la question suivante : la vulve est-elle une chose ou une absence ? Est-ce un organe ou un vide, un réceptacle, bref un trou destiné à être rempli par quelque chose ? « À travers l'histoire, cette dernière vision des choses s'est accompagnée de violence envers les femmes et de l'effacement de leur désir sexuel au profit de celui des hommes, explique Sarah Barmak. À l'inverse lorsque c'était la première approche [...] qui dominait les esprits, les femmes étaient considérées comme des êtres sexuellement indépendants, capables d'éprouver du désir, de ressentir du plaisir et d'accéder au pouvoir*. » Ne nous emballons pas, cela n'est pas arrivé si souvent que ça ! Perçue comme puissante, trop puissante même, la sexualité féminine n'a cessé d'éveiller des craintes, avant d'être infériorisée, voire niée. Nous sortons à peine aujourd'hui de cette perception. Et encore… Dans certains pays et dans certains milieux, on en est (très) loin. « Les hommes définissent la sexualité des femmes d'une façon qui leur est, à eux, la plus favorable possible. Si le vagin était nécessaire au plaisir d'une femme, alors son orgasme dépendait complètement du pénis en érection d'un homme […]. Avec l'orgasme clitoridien, le plaisir sexuel des femmes ne dépendait plus de celui des hommes. Elles pouvaient chercher satisfaction avec la même agressivité qu'eux recherchaient la leur, une perspective qui n'enchantait pas beaucoup d'hommes », confirme l'autrice Susan Lydon**. Pas facile de voir les femmes comme des êtres sexuels à part entière. Pas facile pour nous de nous percevoir comme des êtres sexuels à part entière, qui ne soient plus dans l'attente d'un prince charmant capable d'éveiller notre libido grâce à sa « baguette magique ». C'est toute une culture à réinventer, avec des deuils nécessaires au passage d'un stade à un autre, le deuil de la dépendance par exemple et/ou celui de la sécurité offerte par un homme. L'autonomie se conquiert. Il est probable que les nouvelles générations s'en sortiront mieux. Certaines semblent plus à l'aise avec leur corps et assez respectueuses de leurs besoins physiques et psychiques, elles ont à cœur de renforcer les liens entre les luttes

* Sarah Barmak, *Jouir – En quête de l'orgasme féminin*, traduit de l'anglais par Aude Sécheret, Éditions La Découverte, coll. Zones, 2019.

** *The Politics of Orgasm* [La politique de l'orgasme], essai paru en 1970 (non traduit en français).

des femmes blanches hétérosexuelles et celles des femmes racisées et LGBTQIA+*, souvent exclues des anciennes luttes féministes. Elles savent aussi profiter de la tribune que leur offrent les réseaux sociaux afin de décliner les mots du féminin à l'infini : vagin, règles, vulve, clitoris, jouissance… À répéter encore et encore. Ces mots sont subversifs : ils portent en eux tout un potentiel de connaissance de soi et donc d'émancipation. Saviez-vous qu'en 2016 une enseignante d'un collège du Michigan a été renvoyée pour avoir prononcé le mot « vagin » lors d'un cours d'arts plastiques ? Il reste encore du chemin à faire… En matière d'évolution féministe et de droit des femmes, rien n'est jamais gagné. Alors vous aussi, prononcez ces mots, et surtout expérimentez-les. Car si l'on sort de la dépendance des femmes au sexe de l'homme, il devient (enfin) possible de sortir d'une sexualité hétéronormée qui commence lorsque « monsieur bande » et qui s'achève lorsque « monsieur éjacule ». Il semble en effet que le dieu Pénétration commence à vaciller sur son piédestal, dans les discours en tout cas.

« La pénétration, c'est le MacDo du sexe », s'amuse Maïa Mazaurette** avec une de ses formules toujours aussi percutantes dans l'interview qu'elle a accordée à la revue en ligne ChEEk Magazine le 6 janvier 2020. « Le problème, c'est qu'on a fait de la pénétration du pénis dans le vagin la base du coït parce que, pour un homme hétéro, c'est le meilleur rapport temps/orgasme. » Les femmes ont donc dû s'adapter ! La question n'est pas de renoncer à la pénétration (c'est pas mal non plus parfois, non ?). « Il faudrait élargir le spectre. Si on

* LGBTQIA+ est un sigle utilisé pour qualifier les personnes lesbiennes, gays, bisexuelles, trans, queers, intersexes et asexuelles et tous les autres (symbolisés par le signe +).

** Chroniqueuse au *Monde* et autrice de *Sortir du trou*, Anne Carrière, 2020.

se prive de penser que le sexe féminin est extérieur, on prive les femmes d'au moins 50 % de leur plaisir, et encore je suis sympa. Les hommes aussi sont perdants dans ce schéma "pénis-vagin", car on considère qu'ils sont censés tout faire. En fin de compte, tout le monde perd ! » « La pénétration est l'instauration d'une relation inégalitaire comme modèle », confirme Martin Page (un homme, oui !), qui poursuit : « Si la sexualité était une question de plaisir, les femmes seraient moins pénétrées et les hommes le seraient davantage*. » Et pourtant, encore maintenant, la pénétration constitue toujours le commencement et la fin de la pratique hétérosexuelle, cloisonnée entre le « vrai sexe » (celui consistant à insérer un pénis dans un vagin) et le « reste » (préliminaires, masturbation, fantasmes, cunnilingus, BDSM**, fist-fucking***, sex-toys, électrostimulation, fétichisme, etc.). Il semblerait qu'il y ait comme un biais de perception…

Maïa Mazaurette enfonce le clou : « L'étude de *Archives of Sexual Behavior***** a montré que les femmes lesbiennes avaient des orgasmes dans 86 % de leurs rapports contre 65 % chez les femmes hétéros. C'est notamment parce que leur sexualité stimule à la fois le clitoris, le vagin et la bouche. Si on réaligne tout le corps, qu'on réconcilie le dedans et le dehors, forcément c'est mieux. C'est valable pour les hommes aussi : si on se mettait à considérer leur corps dans leur entier au lieu de les voir uniquement comme des pénis, on pourrait leur offrir des orgasmes plus longs, en stimulant la prostate par exemple,

* Martin Page, *Au-delà de la pénétration*, Le Nouvel Attila, 2020.

** Bondage et domination, Discipline et soumission, Sadisme et Masochisme.

*** Le *fist-fucking* (terme argotique anglais signifiant « baiser avec le poing ») est une pratique sexuelle consistant à pénétrer le vagin ou le rectum avec le poing.

**** https://link.springer.com/article/10.1007/s10508-017-0939-z

ou en pratiquant l'edging*. […] C'est difficile [de sortir de notre vision caricaturale du coït], car on a été élevé(e)s dans l'idée que le bon sexe est vaginal et que les deux corps vont se parler, que les deux partenaires vont jouir ensemble**. » Dans la réalité, cet idéal finit par se retourner contre les amants : s'ils sont censés ressentir la même chose au même moment, et que la pénétration vaginale favorise le plaisir masculin, alors les femmes vont avoir tendance à mentir à leur partenaire. Voire à se mentir à elles-mêmes.

Or l'idée de performance n'a justement rien à faire ici. Plus étonnant encore, la pénétration définit également les rapports gays (et de s'interroger en ricanant : qui fait l'homme alors… ?) et questionne les rapports lesbiens (sous-entendu : s'il n'y a pas pénétration, que peuvent-elles bien trouver à faire ?). Non contente d'occuper la quasi-totalité de notre territoire érotique et de ne pas être super efficace en termes de jouissance féminine, la pénétration a d'autres inconvénients : le risque de grossesse, de maladies sexuellement transmissibles ou simplement de douleurs. On peut néanmoins regarder du côté de ses avantages : c'est vite fait bien fait (pas toujours) : 5 minutes et 40 secondes en moyenne en France ! Avec une jouissance garantie pour les hommes dans 95 % des cas, ceci expliquant bien sûr cela. A minima la paix des ménages est assurée par ce qui ressemble le plus souvent à une forme de masturbation un peu améliorée. Même s'il peut être agréable de se décharger sexuellement de temps en temps, lorsque cela devient la norme, c'est un peu inquiétant… Quid de la rencontre ? Quid de la sensualité ? Quid de la découverte et de l'inventivité ?

* L'*edging* consiste à se retenir de jouir en restant au « bord » (*edging* en anglais) pour obtenir ensuite un orgasme plus puissant.

** ChEEk Magazine, 6 janvier 2020.

Pénétrer, c'est posséder – lorsqu'on parle de sexualité, on trouve souvent l'un ou l'autre de ces termes –, mais parfois cela va au-delà, il y a une idée d'humiliation, d'un jeu de pouvoir sans même se demander qui en sera le gagnant et qui en sera le perdant. Pénétrer, c'est reproduire, c'est-à-dire considérer que si c'est comme ça que l'on a toujours fait, cela ne peut pas être autrement. Ou pire, cela ne doit pas être autrement. Maïa Mazaurette de conclure : « Ces tensions symboliques posent la question de la compatibilité entre une sexualité phallocentrée et les valeurs contemporaines d'égalité, de plaisir, d'excitation, de nouveauté, d'intensité, ou tout simplement d'amour*. » Pour Martin Page, « à force de pénétrer, à force de ne penser qu'à ça, on oublie tout le reste, on ne voit pas l'étendue du corps. Pénétrer c'est passer à côté et fuir. C'est penser qu'on fait l'amour alors qu'on s'en débarrasse. J'ai le sentiment qu'on pénètre pour cacher les sexes, ne pas les voir, comme si c'était une honte** ».

Bref, nous ne sommes pas sortis de l'auberge, ou plutôt du lit ! Car, même si la pénétration n'est pas vraiment efficace en termes de jouissance partagée, nous nous acharnons à la pratiquer. Nous avons tellement intériorisé que c'est comme ça que ça doit fonctionner, comme autant de figures imposées d'un parcours (trop) bien balisé, que l'on recommence encore et encore sans trop oser s'interroger, et encore moins interroger son partenaire (par crainte qu'il ne s'enfuie, en courant probablement). En outre, les femmes (ou du moins certaines d'entre elles) se sont fait une raison de leur sacrifice familial, amoureux. Ou sexuel. Cela peut donner des phrases du style : « C'est vrai, je ne m'éclate pas vraiment au lit, mais il

* « Ce que l'on a oublié de vous dire sur le sexe », TEDxTours, 25 juin 2019.
** *Au-delà de la pénétration*, *op. cit.*

est tellement gentil… » Sauf qu'elles risquent à leur tour de partir en courant. Le jour où elles rencontreront un amant (ou une amante) un peu plus intéressé par leur plaisir à elle et un peu plus inventif ou inventive. Car les choses bougent. Et de tels partenaires capables de sortir des sentiers ô combien battus (et rebattus) finissent par se trouver.

Certains hommes aussi s'interrogent, cherchent, questionnent et se questionnent. Eux aussi apprennent à parler d'émotions, de sexe, de douleur, de douceur, acceptent d'être déstabilisés, de réinventer leur répertoire érotique, de s'en amuser. La masculinité est en pleine transformation et c'est probablement le grand chantier de demain. Après avoir interrogé l'hétérosexualité, le genre, le consentement, la pénétration, les amants à venir sont ceux qui sont prêts à poursuivre le chemin. À aller plus loin. Sans tabous. Nous avons les moyens de sortir de la culture érotique (un peu pauvre) dont nous avons héritée, nous avons les moyens de créer une nouvelle utopie sexuelle. Ensemble. Ici comme ailleurs, il me semble que c'est une chance, toutes ces prises de conscience et surtout notre aptitude à les évoquer. D'appeler un chat un chat, et une chatte une chatte. Ce sont nos échanges, nos désaccords, nos avancées, nos paroles, nos cris de jouissance, nos larmes, nos intimités mêlées qui finissent (aussi) par transformer le monde. C'est aussi l'autorisation que l'on se donne parfois de sortir de ce débat, et de ne pas (ou plus) avoir envie de faire l'amour. Un temps ou longtemps. Le *no sex* participe aussi de notre liberté, pour parfois prendre le temps de se réinventer.

Le couple au cœur de la tourmente

Au milieu de tout ça, de tous ces questionnements et de nos difficultés à nous trouver, il y a le couple comme une île au milieu d'une tempête. Tenir le cap semble un défi lorsqu'on souhaite le vivre à deux. Le couple est mort, vive le couple ! ai-je envie d'écrire. C'est simple, dans mon entourage et ma génération, je connais un seul couple qui a eu des enfants et vit encore ensemble. Sur la génération qui me précède, celle des quadras, c'est aussi un couple, deux peut-être, qui tiennent à peu près la route parmi mes proches. Et pourtant je connais beaucoup de monde. Je parle de « vrai couple » : celui où il n'y a pas de jeu de pouvoir, où l'un et l'autre sont épanouis et dont aucun ne se sacrifie au bénéfice de l'autre. Bien sûr, je vis dans un milieu parisien qui n'a pas prétention à être un modèle, où les gens sont très mobiles professionnellement et travaillent beaucoup sur eux-mêmes (avec ce que cela peut contenir d'égoïsme, voire de nombrilisme). En tout cas, un milieu où l'on n'est plus prêt à accepter les compromis et les limitations que le couple a longtemps représenté pour l'un ou l'autre des protagonistes. Voire les deux. Pendant longtemps, le couple a eu plus à voir avec un organisme de gestion de patrimoine ou de soutien économique qu'avec un lieu d'épanouissement. Puis le couple s'est mis à tenir bon pour les enfants. Aujourd'hui ? Aujourd'hui, bon courage ! Le couple semble se construire à toute allure en cherchant à associer bon an mal an amour et sexualité… pour se déconstruire au même tempo.

Aucune frustration dans mon propos. J'ai vécu vingt-cinq ans en couple et j'ai adoré ça. Je vis seule depuis quelques années. Et honnêtement je ne sais pas si je serais prête à recommencer. Cela ne signifie pas qu'il n'y a personne dans ma vie. Mais de là à partager le même toit, le même frigo et la même machine à laver, je crains d'être vaccinée ! J'ai assez nettement l'impression que les femmes sont le dindon de la farce dans ce type de situation... Je parle encore une fois pour ma génération. Je constate en effet que les choses semblent s'améliorer chez les plus jeunes, même si je fais preuve d'un optimisme modéré. L'organisation professionnelle et sociale est faite pour l'instant de telle manière qu'il faut une volonté de fer pour ne pas se faire prendre au piège du travail invisible au féminin, en particulier lorsque les enfants arrivent. Avec beaucoup de conscience, d'amour et de dialogue, c'est possible, mais ce n'est pas vraiment le pli naturel de tout un chacun. Et encore, la vie de famille ne semble pas être l'écueil le plus dangereux pour le couple. Ce qui me semble encore plus difficile à réaliser reste cette injonction de fidélité que les gens idéalisent lorsqu'ils se mettent ensemble avant de finir par tomber dans le principe de réalité : fidélité ne rime pas avec longévité lorsque l'on parle de conjugalité. Est-ce un souci ? Pas vraiment selon moi. Ce qui peut constituer un souci est de se faire des illusions et de se raconter de jolies histoires qui n'ont rien à voir avec la réalité (ou d'en raconter à l'autre). Personnellement (je ne parle que pour moi, je n'ai pas vocation à faire du prosélytisme), le mensonge me dérange davantage que l'infidélité. J'ai envie que l'on me traite comme une adulte et que l'on me dise ce qui est. À moi ensuite de gérer la situation. Je crois que notre inconscient sait de toute manière la vérité. J'ai remarqué que je souffre davantage de la distorsion entre ce que je ressens et ce que l'on me dit (ou que l'on me jure parfois, sans redouter la colère divine !) que de savoir que mon partenaire a eu une relation sexuelle avec un tiers. Je n'ai pas non plus vocation à tout savoir de l'autre et je réfute un idéal de transparence (et de contrôle) qui me semble tout aussi névrotique que le mensonge compulsif. Ici comme ailleurs, tout est question de limites, de frontières, de bienveillance… Je ne suis pas en train de dire que l'infidélité doit devenir une nouvelle norme, même si c'est un peu ce qui se passe lorsqu'on regarde les chiffres (ou lorsque l'on est psy et que l'on écoute les adultes d'aujourd'hui). Je suis juste en train de dire que fonder son couple sur sa sexualité n'est pas nécessairement une excellente idée. D'abord parce que les hommes et les femmes n'attendent pas forcément la même chose quand ils vivent ensemble. D'un côté, les hommes recherchent (en général) réconfort et… moindre effort (*sic*). Chez les femmes, au contraire, le couple constitue un aboutissement avec des attentes majorées. Et beaucoup de désillusions à la clé : la routine du quotidien vient vite les piéger. Le sociologue Jean-Paul Kaufmann, dans son essai *Pas envie ce soir – Le consentement dans le couple**, rappelle : « Les femmes sont des fondatrices, pas des gestionnaires », alors qu'on les attend plutôt sur ce second volet. Les femmes s'investiront donc avec enthousiasme au début de la relation, avec ses hauts et ses bas, et se lasseront de la domesticité. Contrairement à nos croyances, certains chercheurs considèrent même que leur goût de l'aventure ne les destinait pas à la monogamie. Mais, comme le rappelle Maïa Mazaurette, « si le patriarcat occidental favorise cette monogamie, c'est parce qu'elle garantit aux hommes un "minimum sexuel"** ». Pour le bien des hommes et non celui des femmes. Une fois de plus, ai-je envie d'ajouter. Après avoir additionné vies professionnelle, familiale et/ou sociale, qui a encore envie de s'envoyer en l'air ? Le soir, on rêve surtout de

* Les Liens qui Libèrent, 2020.

** « Le Désir des femmes, entre flamme et flemme », *Le Monde*, 13 juin 2020.

dormir. Ou on se contente d'une relation sexuelle vite faite, histoire de ne pas trop se frustrer ou frustrer l'autre. Nul doute que l'imaginaire érotique fait les frais de ces vies pleines à craquer. Ce n'est pas tout : peu d'hommes font l'effort de se rendre désirables, attirants pour leur partenaire, d'investir le soin de soi. Logiquement, le désir des femmes pour eux en pâtit (c'est surtout le cas lorsque la relation est installée). Le paradoxe est que ces mêmes hommes qui se négligent vont ensuite reprocher à leur femme de manquer de désir… La sexualité adulte est un jeu à deux (ou à plusieurs, mais cela ne change rien sur le fond !). Un jeu qui demande de l'investissement et une forme d'engagement. Celui de ne pas attendre de l'autre qu'il fasse tout le travail, mais d'être dans un échange, un projet investi de part et d'autre.

Le problème des révolutions sexuelles et féministes, c'est qu'elles ont imposé aux femmes d'avoir autant de désir que les hommes, au risque de paraître coincées (ou frigides, ou trop maternelles, ou épuisées parce qu'elles travaillent trop… cochez la case de votre choix !). Elles se trouvent face à deux options : soit elles se forcent et font semblant, soit elles montrent des signaux (faibles) signifiant « je n'ai pas vraiment envie ce soir » : bâillements, évitement, temps super long dans la salle de bains en espérant que monsieur finisse par s'endormir, passivité, grognements… Ce qui peut aboutir à des situations dramatiques, comme le viol conjugal (pendant leur sommeil ou pas), certains hommes pensant que leur envie prime sur le non-désir de leur femme et que le corps de leur conjointe leur appartient. La norme de la chambre partagée finissant par empirer la situation, puisqu'elle rend ce même corps constamment disponible à des assauts non consentis.

Une grande partie du problème se fonde sur ce que Kaufmann qualifie de « mythe fondateur » de notre conjugalité : « Si le sexe va bien, alors le couple va bien. » Dans ce paradigme, le rapport sexuel fait office de rituel qui est censé illustrer la force du lien conjugal. Ce rituel serait surinvesti par les hommes mais progressivement désinvesti par les femmes. Pour mettre en place un engrenage ennuyeux et désolant, éloignant finalement de plus en plus les amants. Comment en sortir ? Pour Jean-Claude Kaufmann, « il est urgent de faire évoluer nos mythes de couple : quand une norme sociétale dominante est en contradiction flagrante avec les faits, les normes doivent changer, pas les gens ! ».

Concrètement, il faudrait renoncer non seulement au stéréotype de la sexualité comme ciment du couple, mais aussi à l'idée d'un désir parfaitement égalitaire (alors que l'on sait que le désir des hommes est très différent de celui des femmes). Tant que nous resterons attachés à ce socle culturel, certaines femmes se sentiront obligées de se sacrifier, et certains hommes trouveront des excuses pour imposer leur manière de penser et de faire à leur conjoint, alors même que d'autres protocoles pourraient permettre de mieux cohabiter. Par exemple, devenir des partenaires autonomes, des associés de vie, dans un lien fondé sur un partage de valeurs, une rencontre d'engagements (même hors de la chambre à coucher, voire des chambres à coucher), un soutien mutuel. N'est-ce pas plus intéressant ? On peut choisir de vivre ensemble ou pas, de faire l'amour ensemble ou pas, de construire ensemble un projet familial ou pas, voire un projet entrepreneurial. Mais l'entreprendre dans une approche adulte et non infantile, qui fait que l'on évite de déposer sur le dos de notre partenaire toutes les attentes auxquelles nos parents ont échoué à répondre. L'autre n'a pas à prendre le relais de notre héritage. Si autre il y a, il est là pour cocréer avec nous un climat suffisamment bon pour permettre aux deux protagonistes du couple de s'épanouir librement de la manière dont chacun le souhaite. L'amour se construit sur la liberté, le soutien, la présence bienveillante. Non sur les jeux de pouvoir, la domination, le chantage ou la violence.

Et peut-être aussi que l'amour n'a qu'un temps et que cette injonction de le faire durer le plus longtemps possible est tout aussi erronée. Des histoires d'amour peuvent durer le temps d'un éclair et nous transformer à jamais, alors que d'autres s'éternisent sans nous impacter. Mais cette histoire de durée est conditionnée à notre immaturité : tant que l'on croit que l'on a besoin d'un autre pour exister, comme une sorte d'assurance tous risques par peur de se retrouver confronté à soi-même, on continuera à considérer qu'un amour réussi est celui qui traverse les années. Je ne dis pas que c'est impossible, je propose juste que l'on sorte de ce moyen d'évaluation de nos relations. Le temps n'a rien à voir dans l'affaire. C'est la vérité du lien qui importe, sans le sacrifice de l'un ou de l'autre à cause de conditionnements sociaux.

Il en va aussi beaucoup de la responsabilité des femmes, comme si elles gagnaient quelque chose à se mettre au service de l'autre, de son projet, de sa carrière, de sa sexualité – avec abnégation. Comme si c'était plus simple que de construire sa propre route. Je ne crois pas que nous soyons victimes de qui que ce soit. Je crois que nous sommes complices de tout un système. Et si celui-ci a duré si longtemps, c'est que nous y gagnions fatalement quelque chose. Une sorcière, c'est une personne autonome, elle entreprend les choses elle-même. Si elle ne sait pas, elle apprend. Ou elle demande. D'adulte à adulte. Elle exprime son besoin. Une sorcière n'est au service de rien ni de personne, sinon d'elle-même et de ses choix. D'abord. C'est pour ça qu'elle fait grincer des dents : une célibataire, une veuve n'est pas ou plus au service d'un compagnon. Une femme qui n'a pas été mère (par choix ou pas) n'offre pas d'enfant au collectif. Et parfois nous n'avons pas non plus envie d'offrir au monde notre beauté, notre attractivité ou notre hyperadaptabilité. Parfois nous avons juste envie d'être qui l'on est. Sans se demander si cela va être bien accepté par l'autre ou les autres. Sans se demander si c'est autorisé, ou si nous sommes en conformité avec un courant dominant de pensée.

Ce processus, qui nécessite beaucoup de travail sur soi, beaucoup de deuils, de renoncement, de larmes parfois, est aussi un chemin de maturité, d'inventivité et de joie. Au risque sinon de se retrouver les uns et les autres de plus en plus seuls au fur et à mesure que le temps passe.

CHAPITRE 6

MOI, LES AUTRES ET LE MONDE

> « *L'important n'est pas ce que l'on fait de nous,*
> *mais ce que nous faisons nous-même*
> *de ce que l'on a fait de nous**. »
>
> Jean-Paul Sartre

Seul(e)s. Nous voilà seul(e)s. La famille traditionnelle a explosé, laissant sur le pavé des individus égarés. Nos liens sociaux déjà fragiles subissant également les contrecoups des crises sanitaires qui nous imposent de nous éloigner les uns des autres (et qui nous font regarder ces derniers avec d'autant plus de suspicion qu'ils sont susceptibles d'être porteurs d'une menace invisible). Il ne me semble pourtant pas que ce soit le sens de l'histoire. Selon moi, le sens de l'histoire nous parle du collectif. De solidarité, de coopération, de l'autre perçu comme une richesse et non comme un danger. Je ne dis pas que la compétition n'est plus présente dans notre monde (ni même en moi). Mais je pense que plus notre conscience va évoluer, plus la compétition sera perçue comme la névrose qu'elle est : une distorsion de notre ego qu'il convient de transformer, de transcender (et non de juger).

* Jean-Paul Sartre, *Jean Genet, comédien et martyr*, Gallimard, 1952.

Pour moi, un être évolué, admirable, n'est pas celui qui a distancé les autres de mille et une manières, mais bien celui qui a mis ses talents au service de l'intérêt supérieur commun, dans la joie du partage et non dans la satisfaction égotique de se sentir indispensable ou reconnu. Les crises qui vont se succéder vont nous imposer de changer notre perception. C'est une chance et un privilège de vivre une telle mutation. Mais n'oublions pas que nous devons l'expérimenter au cœur de nous-même avant toute chose.

Refaire lien

La compétition a occupé beaucoup de place dans ma vie. Parfois je la vois réapparaître dans un espace où je n'aurais jamais cru la trouver. Je viens d'un milieu extrêmement compétitif, puisque ma famille paternelle comme maternelle doit son ascension sociale aux concours des grandes écoles. Pour résumer, il fallait faire Polytechnique pour s'en sortir ou n'être rien ! Je n'ai pas fait Polytechnique. Je ne sais pas si je suis devenue quelque chose, mais je sais qu'il m'a fallu un long travail sur moi pour sortir d'une spirale d'échecs (ou de demi-succès) que je m'imposais, me sentant probablement déloyale vis-à-vis de cette injonction familiale initiale. L'autre versant de la compétition que j'ai expérimenté, à côté de cette notion d'excellence scolaire (non négociable), était la compétition sportive. J'ai pratiqué la natation à haut niveau de six à quatorze ans, avec beaucoup de succès. Ici, comme dans ma scolarité (j'ai refusé de me présenter à la prépa où j'avais été admise après mon bac), c'est probablement une sorte d'instinct de survie qui m'a poussée à m'enfuir lorsque j'ai mesuré l'engagement que cela allait représenter dans mon quotidien et les renoncements qui s'ensuivraient si je poursuivais dans la direction de l'hyper-compétition. J'ai tout arrêté du jour au lendemain. J'ai préféré faire de la danse, des études de théâtre, et j'ai surtout cherché qui j'étais. Pièce après pièce, j'ai fini un jour par assembler mon puzzle. Mais ces vieux réflexes familiaux de compétition ont mis des années à s'atténuer. Aujourd'hui, surtout lorsque je suis stressée ou tendue, je peux encore les voir réapparaître. Avoir envie de vendre davantage de livres que telle copine, avoir plus de succès à mes cours de yoga... J'apprends à déceler de tels dysfonctionnements, à les désactiver. Et à m'engager à soutenir les autres, leurs projets, leurs (souvent) magnifiques contributions au monde, envers et contre tout, et même contre moi-même. C'est un véritable apprentissage, avec ses hauts et ses bas, ses succès et ses échecs.

Les crises sont intéressantes car elles nous imposent un changement de perception et/ou de comportement. Ce qui a fonctionné pendant des années – individuellement ou collectivement – ne fonctionne plus. J'ai parfaitement conscience qu'une telle situation génère de l'angoisse, voire de la peur pour de nombreuses personnes. J'ai tout autant conscience qu'il y a des impacts à de très nombreux niveaux (en particulier économique, politique, financier), en termes d'instabilité, de vulnérabilité, de tensions. Nul doute néanmoins que ces crises précèdent des transformations, qu'elles sont même la condition de ces transformations. D'où l'intérêt – bien plus facile à dire qu'à faire, j'en conviens – de résister le moins possible, puisque, entre autres, ce sont nos blocages qui freinent notre processus d'évolution. Nos blocages venant pour beaucoup de notre peur de ce qui va advenir, donc de notre besoin de sécurité, de notre désir de préserver ce que l'on croit avoir acquis et que l'on voudrait emporter avec soi, comme un escargot sa coquille. Malheureusement, en général cela ne se passe pas comme ça. Et il y a souvent un prix à payer (pour notre ego) afin d'évoluer, des renoncements nécessaires que l'on interprète un premier temps comme une perte avant d'en percevoir les gains cachés.

Néanmoins, et c'est bien là où je voulais en venir, dans mon système de croyance, de tels sauts d'évolution se réalisent grâce à la synergie et la coopération. Lorsque l'on étudie l'histoire évolutive de la lignée humaine, cette longue chaîne qui nous amène de l'*Homo habilis* à *sapiens sapiens*, il semble que ce ne soient pas les plus forts qui ont survécu, mais bien les plus coopératifs. Ainsi, les *Homo sapiens sapiens* sont ceux qui se sont mis à partager la nourriture. Ce partage a abouti à des regroupements (autour du feu), puis à la création de tribus, à l'invention progressive du langage, de l'écriture et, ainsi, à la capacité de communiquer avec d'autres groupes et d'autres générations. Petit à petit, avec la sédentarisation est née l'agriculture, donc davantage de ressources, mais aussi l'art, la créativité (car il existe du temps pour faire autre chose que de rechercher sa nourriture à longueur de journée). Chemin faisant, une nouvelle conscience a émergé et s'est déployée. De soi, des autres, mais aussi de ce qui nous dépasse, aboutissant à la construction de grandes civilisations autour de grandes figures spirituelles (Moïse, Lao Tseu, Bouddha). L'idée ici n'est pas de faire œuvre d'historienne (ce que je ne suis pas), mais de rappeler de manière sommaire que les autres sont la condition de notre salut et surtout de notre transformation. La mondialisation même peut être un outil de concurrence et de destruction, mais aussi de coopération et d'évolution. Sommes-nous prêts à expérimenter l'humanité comme un seul corps ? Sommes-nous prêts à comprendre que nous sommes Un ? Les problèmes ne peuvent pas être résolus dans l'état de conscience où ils ont été créés*. Or il semble que nous ayons pas mal de problèmes qui nous pendent au nez ! Pandémie, réchauffement climatique, pollution, famines… Nous pouvons paniquer, rester sidérés, ou être dans le déni. Ou s'enthousiasmer pour demain, retrousser nos manches et nous donner la main.

L'autrice et futuriste américaine Barbara Marx Hubbard** a beaucoup travaillé sur cette idée d'émergence d'une nouvelle humanité. Dans ses ouvrages, elle compare l'évolution qui nous attend à la métamorphose de la chenille en papillon. Au début de sa transformation, la chenille s'entoure de la chrysalide, dans laquelle on trouve des disques imaginaux qui doivent servir de modèle à sa transformation. Dans un premier temps, la chenille considère ceux-ci comme étrangers et cherche à s'en débarrasser. Une forme de compétition s'instaure d'abord entre ces disques imaginaux et la chenille. Mais à un moment, c'est comme si la chenille lâchait prise : biologiquement, c'est le passage de la compétition à la coopération : les disques imaginaux perdurent et se transforment en cellules imaginales qui prennent de plus en plus de place, se connectent entre elles, coopèrent. Ces cellules finissent par prendre l'ascendant sur les cellules de la chenille et la transforment en papillon. Devenons des disques imaginaux ou des cellules imaginales, soyons des acteurs du changement !

Trop compliqué ? Non. Chaque être qui porte en lui une image d'un monde meilleur participe à sa construction. Tous ensemble, nous pouvons résonner et créer une image du futur, image qui deviendra un nouveau pattern

* Einstein a exprimé cette idée mieux que moi !

** Proche de Deepak Chopra (qui l'appelait la « voix de l'évolution consciente ») et de Neale Donald Walsch, qui a écrit un livre sur elle : *La Mère de l'invention*, Ariane, 2011.

(modèle) pour notre cerveau, une nouvelle direction pour notre conscience (et surtout pour notre inconscient). Rappelons-nous que nous sommes préprogrammés, nos disques imaginaux sont déjà là. L'évolution se fera avec ou sans nous. La clef, me semble-t-il, est de comprendre que nous sommes chacun l'expression de la création de cette nouvelle humanité, en particulier lorsque nous nous connectons à notre vibration la plus haute, en méditant, en riant, en prenant soin de nous et des autres, en écoutant notre cœur et moins notre ego, et que nous admettons l'idée que notre destin se jouera dans l'unité. Nous pouvons tous avoir une idée très intelligente de ce que le destin devrait être et des solutions pour y parvenir, mais si nous ne parvenons pas à fédérer, à nous rassembler, à nous écouter les uns les autres, tout cela sera vain.

Ni avoir tort ni avoir raison

L'unité ne peut pas exister lorsque nous voulons avoir raison. C'est notre ego qui veut avoir raison, qui veut que l'on sache qu'il est le plus fort, le plus intelligent et qu'il a mis sa pierre à l'édifice. Quelle énergie incroyable sommes-nous capables de dépenser juste pour dominer ! Avoir raison implique que quelqu'un doit avoir tort. Et cette confrontation entre ceux qui ont raison (moi !) et ceux qui ont tort (les autres), génère beaucoup de conflits et de souffrance. Renoncer au besoin d'avoir raison ne signifie pas que l'on n'a pas un point de vue personnel. Mais peut-être n'est-il pas nécessaire de le défendre bec et ongles, au prix de notre relation avec l'autre. Peut-être peut-on aussi se taire et écouter la manière dont cela vibre – en nous, en dehors de nous. Et comprendre une fois encore que nous portons peut-être en notre sein le paradoxe de deux pensées opposées, comme nous l'avons évoqué. Alors notre ego n'a nul besoin de crier plus fort que l'autre pour exister. L'autre partie de nous, que j'ai coutume d'appeler l'« âme », mais vous pouvez la nommer autrement – le « moi supérieur » ou le « Soi » ou encore le « maître en moi »... –, n'a pas besoin de signer sa participation à notre œuvre commune. Ou éventuellement, comme les bâtisseurs de cathédrale, avec juste un signe, comme un clin d'œil, comme un écho humble de la joie intérieure d'avoir été là à œuvrer ensemble. La première des coopérations est de se mettre dans le non-jugement, de s'ouvrir à l'autre et au monde tels qu'ils sont. Sans dire (ni sans se dire) que c'est bien ou mal. Juste que c'est.

L'idée de compétition n'est pas « mauvaise » en soi, simplement elle n'est, me semble-t-il, plus adaptée à notre monde aujourd'hui, à la maturité probablement nécessaire pour faire face à de grands bouleversements. Elle nous a un temps donné envie de nous dépasser, d'aller de l'avant, d'avancer. Cette expérience correspondait probablement à notre niveau de conscience (ou d'inconscience) collectif pendant une période. Et si aujourd'hui nous nous proposions autre chose ? Et si l'on sortait de la recherche de résultats, de la dichotomie du monde entre le bien et le mal ? Et si l'on acceptait le chemin tel qu'il est ? En douceur. Si l'on refusait la violence de cette compétition, qu'elle sévisse au sein des familles, des entreprises, des pays, ou même à l'intérieur de nous-même ? La compétition est un mécanisme de défense : elle exprime notre difficulté à vivre et exposer notre singularité. Alors on se met à jouer avec les règles du jeu des autres (en particulier celles de la société) : la compétition nous permet d'exister non pas en tant qu'être, mais en tant que personnage. Nous sommes dans la compulsion et non dans la création, qui constitue pourtant l'essence de la vie. Le retour aux fondamentaux nous permet d'en sortir : l'écoute, l'humilité, la tendresse, la reconnaissance à la fois de la différence et de la proximité de l'autre.

Apaiser l'ego pour évoluer en paix

Le processus du passage de la compétition à la coopération passe souvent par un travail thérapeutique* visant à consolider l'ego s'il est fragile, voire à le guérir s'il est malade. Car, en fait, plus l'ego se sent faible, plus il va vouloir se prouver (et prouver aux autres) quelque chose. Il sera alors plus influençable, car il aura du mal à écouter son intuition profonde ; il aura tendance à agresser autrui, à être dans une logique de dévalorisation des autres ; il vivra davantage dans la peur de « se faire avoir » par exemple, il aura tendance à faire le compte de ce qu'il fait et de ce qu'il donne et, ce faisant, aura du mal à coopérer. Un Moi solide au contraire saura garder son cap, son intention, malgré les hauts et les bas de l'existence ; il aura donc moins tendance à réagir aux événements comme aux gens ; il connaîtra ses forces et ses faiblesses, et sera capable de ne pas trop se prendre au sérieux et d'en rire. Et surtout il saura, et aimera, coopérer. En psychothérapie, on considère généralement que l'autre vient nous interpeller, en miroir, sur les ombres que nous portons et que nous avons le plus grand mal à voir. Si nous faisons l'hypothèse de l'unité, si nous considérons que l'autre est une partie de nous, ou tout au moins notre reflet, que me renvoie-t-il qui me dérange ? Cela ne correspondrait-il pas à quelque chose – une émotion, un sentiment, un

* L'un des buts de la psychothérapie est d'accompagner les personnes dans la consolidation et la guérison de leur Moi.

comportement – que je ne peux accepter en moi, Jung dirait l'une de nos « ombres ». Suis-je prêt(e) à la regarder (sans me juger), à me pardonner, à la couvrir de douceur ? Cette ombre est le fruit de mes blessures. Comme un diamant non encore poli, elle est porteuse de lumière à transformer, d'une future ouverture de cœur. À condition d'en avoir conscience. Durant tout ce processus, acceptons notre fragilité, tout en soulignant notre détermination intérieure à révéler et exprimer notre être profond sans s'inquiéter des autres, mais au contraire en les valorisant et les soutenant. Mon expérience m'a maintes fois montré que plus je coopérais, plus je me déployais, plus je me sentais en sécurité (à l'intérieur de moi et dans le monde), même s'il fallait alors que j'aille à rebrousse-poil de certaines de mes impulsions. Je parviens maintenant, lorsque l'esprit de compétition émerge en moi, à m'interroger sur mes désirs profonds, sur les espaces où je n'exprime pas encore mon potentiel afin de détourner le regard d'autrui (qui n'a rien à faire dans cet espace finalement !) et de regarder la blessure qu'il peut me permettre d'identifier.

Plus l'on pourra chacun exprimer sa nature profonde et sa créativité, plus l'on aura de plaisir à être ensemble, à nous entraider et à coopérer. J'ai bien conscience que je peux apparaître comme une rêveuse un peu naïve. C'est pourquoi j'ai tant aimé le livre de Pablo Servigne et Gauthier Chapelle, *L'Entraide, l'autre loi de la jungle**. Comme ils l'expliquent, « un examen attentif de l'éventail du vivant – des bactéries aux sociétés humaines en passant par les plantes et les animaux – révèle que l'entraide est non seulement partout, mais présente depuis la nuit des temps. C'est simple : *tous* les êtres vivants sont impliqués dans des relations d'entraide ». Et de souligner qu'il s'agit

* Les Liens qui libèrent, 2017.

même d'un mécanisme de notre évolution, comme je l'ai déjà évoqué. Même si personne ne cherche à nier que la compétition et l'agressivité existent également ici-bas. Mais plus les conditions sont difficiles, plus il devient indispensable de coopérer et de cesser de s'épuiser à se défier les uns les autres. Or je pense que notre monde va connaître de multiples épreuves : nous allons alors avoir besoin d'unité et non de séparativité, de douceur et non de ressentiment, de gens loyaux et engagés pour le bien commun, non de tricheurs égotiques. La question de l'entraide est une urgence, un apprentissage à envisager puis à pratiquer collectivement. Pour l'instant, peu d'hommes et de femmes politiques ont accepté de considérer cette nécessité. Ils préfèrent rester dans de vieux schémas qu'ils maîtrisent ou qu'ils croient maîtriser (même s'ils sont déconnectés de notre réalité) : celui de la compétition et de l'expansion à l'infini. Ce sera donc à nous, les citoyens, de changer la donne. C'est notre travail sur nous, notre questionnement, notre changement individuel de perspective, qui permettra (peut-être) de faire boule de neige et d'inventer une nouvelle solidarité. Je fais le rêve que nous pourrions (tous ensemble) être dans les livres d'histoire pour lire, après le chapitre du Grand Confinement (2019-2020) un nouveau chapitre, celui de l'ère de la Nouvelle Solidarité (2021-2200 au moins) ! Ce n'est pas seulement un rêve, c'est aussi une forme de pari sur la vie. Je n'ai pas envie d'écrire que, sinon, nous allons tous mourir. Je n'en suis pas sûre d'ailleurs : l'être humain est capable de supporter des situations d'une grande violence. Néanmoins, je crois que nous avons tous beaucoup à y perdre.

J'ai parfaitement conscience des freins que nous pouvons avoir lorsqu'il s'agit de coopérer et de partager les uns avec les autres. Je suis la première à les expérimenter.

J'en suis un exemple parfait. D'abord, comme je l'ai dit, parce que j'ai été éduquée dans cet esprit de compétition, ensuite parce que dans ce domaine nous avançons tous à tâtons. J'en veux pour preuve cette expérience que je fais depuis plusieurs années dans mon désir de participer à la vie d'un éco-lieu. Lassée d'être seule et de ne participer à la construction de rien de concret, j'ai en effet fini par quitter ma maison de campagne. L'idée n'était pas originale (pour notre époque) : avec des ami(e)s, nous souhaitions acheter un grand domaine pour faire l'expérience d'un autre mode de vie, plus écologique et résilient. Pendant un an, nous avons sillonné la France à la recherche de cet espace. Jusqu'à ce que quelqu'un de l'équipe trouve un lieu très intéressant. Je m'y rends. Et là, je n'ai pas du tout de coup de foudre. Je passe sur place une nuit assez agitée : que dois-je privilégier, le collectif ou mon ressenti ? L'idée d'habiter dans un petit chalet à quelques dizaines de mètres d'un voisin potentiel me fait frémir. Je me rends compte que je suis bien une sorcière et que mon besoin de solitude est plus important que je ne l'avais imaginé. En outre, je comprends que la personne objectivement la plus engagée dans ce projet (en termes de travail fourni et d'investissement financier) a envie de le réaliser à sa manière, sans trop prendre en compte l'avis des autres. Or, ce qui me motive est d'apprendre la démocratie, la prise de décision en groupe sur le long terme (au-delà de la permaculture, de la fabrication du pain ou de l'artisanat). Dans un premier temps, je me dis que je peux chercher une petite maison à proximité de l'éco-lieu de mes amis. Finalement, j'y renonce. Ai-je eu raison ou tort ? (En tout cas j'ai bien fait de m'écouter, mais cela n'a pas été si simple de renoncer à ce projet collectif.) J'ai pu mesurer néanmoins, durant l'année passée avec eux, la complexité de bâtir ensemble. J'ai d'autres projets à ce jour, avec d'autres personnes. Je ne sais pas dans quelle direction la vie me poussera. Mais il est clair que je pars davantage vers l'idée d'une petite maison au fond des bois, à proximité d'un espace où du collectif peut se tisser. Histoire de concilier mon besoin de solitude et celui de coopérer, de me retrouver avec moi-même et de découvrir les autres. Au fil du temps, j'apprends et je comprends que je peux entrer dans le cercle sans me dissoudre, je peux être goutte d'eau dans l'océan sans disparaître. Faire œuvre commune et exister.

Les cercles de femmes nous apprennent aussi cette essentielle reconnexion au collectif, nous révélant à la fois notre singularité et notre ressemblance. La sororité est l'immense cadeau de cette époque. Elle nous permet d'envisager de sortir de la jalousie et de la comparaison pour découvrir la présence souriante, l'écoute, la solidarité. Ces cercles promeuvent un féminisme du quotidien. Non plus théorique, mais engrammé dans le vécu de notre corps, de nos émotions, de nos expériences. Par l'échange, par le don, par la présence, nous découvrons chaque fois un peu plus ce qu'être une femme veut dire. Des cercles mixtes commencent à se mettre en place. Je m'en réjouis. Je pense en effet qu'il est temps aussi d'avoir une parole de l'intime tous ensemble. Dans un cadre sécurisant. Pour avancer encore et encore. Ne rien figer, ne rien idolâtrer. Juste expérimenter. Et recommencer.

CHAPITRE 7

DANSER LA DANSE D'UN MONDE VIVANT

« L'homme n'est pas assez convaincu que plus il s'écarte de la nature, plus il s'éloigne du bonheur. »*

Joseph Sanial-Dubay

Alors que j'étais confinée à la campagne au printemps 2020, je n'ai eu de cesse à mon retour à Paris d'acheter des fleurs et des plantes, et de mettre du vert partout chez moi. J'avais besoin de leur présence, j'avais besoin de leurs vibrations pour faire face à tous ces bouleversements. Je sais que je ne suis pas la seule ! Nous étions également de plus en plus nombreux à rêver de quitter la ville pour une plongée verte salvatrice. D'ailleurs, sommes-nous faits pour vivre comme nous le faisons en Occident** ? Au sein de villes concentrant moyens économiques et de production ? Peut-on vivre hors-sol ? Déconnectés de la terre, des arbres, de la nature ? D'un air sain, d'une eau pure ? En naturopathie – le terme veut tout dire –, la nature est au cœur de notre pensée, de notre projet. Pour ma part, si je vis trop longtemps loin d'elle, je finis par me perdre, m'oublier,

* Joseph Sanial-Dubay, *Les Pensées sur l'homme, le monde et les mœurs*, 1813.
** Il existe aussi de nombreuses mégapoles partout dans le monde, bien sûr.

comme si ma conscience se desséchait, se vidait. Ma batterie verte est à plat. Dans ces moments-là, je dois quitter la ville et pratiquer cette troisième reconnexion indispensable et même vitale, celle à la nature, après celle à mon corps et celle aux autres.

Nous sommes la nature, nous sommes l'univers

Pour les philosophes grecs, les humains font partie intégrante de la nature. Mais cette perception va complètement changer avec le christianisme, puis la modernité. Dès le XVIe siècle, et plus encore au siècle suivant, les avancées de la pensée scientifique vont rendre la dichotomie entre l'homme et le reste du monde quasiment irréversible. Et les choses ne vont guère évoluer, même lorsque Darwin démontre que (selon les lois de l'évolution) l'homme fait partie du règne du vivant au même titre qu'un ver de terre ou un éléphant : il n'est plus au centre, et encore moins au sommet de la création. Il s'agit d'une rupture majeure avec la pensée classique judéo-chrétienne, pour qui notre espèce, créée par Dieu, n'a pas sa place dans la nature mais au-dessus d'elle. Pourtant, malgré la théorie évolutionniste, cette idée que nous sommes supérieurs aux lois de la nature va persister dans nos modes de vie. Un comportement de prédation se met en place au fur et à mesure des siècles, comme si notre avidité ne pouvait pas trouver de limite. Les sciences modernes ne cesseront de contribuer violemment à disqualifier la nature et à détruire nos liens avec elle, en une incroyable (et suicidaire) fuite en avant. La question de la destruction de la nature par notre mode de vie est devenue centrale, voire cruciale au XXIe siècle. À l'heure des bouleversements climatiques et de leur impact sur nos vies, il n'est plus possible de l'éluder. Ni d'échapper au parallèle qui peut être fait entre les deux dominations qui se sont instaurées à peu près à la même période : la domination sur la nature et celle sur les femmes.

De l'écoféminisme

« La vie sauvage et la femme sauvage sont toutes deux des espèces en danger. Au fil du temps nous avons vu la nature instinctive féminine saccagée, repoussée, envahie de constructions. On l'a malmenée, au même titre que la faune, la flore et les terres sauvages », prévient la psychanalyste américaine Clarissa Pinkola Estès en introduction de son livre*. Une prise de conscience plus que jamais d'actualité, comme le montre la place que commence à occuper l'écoféminisme dans le débat public. Ce courant cherche à retisser un lien entre les femmes et la nature, entre l'écologie et le féminisme. Et comme je l'ai évoqué, il met en avant les parallèles qui existent entre les systèmes de domination et d'oppression des femmes par les hommes et le phénomène de surexploitation de la nature par les êtres humains. En conséquence de quoi, il s'agirait de tout repenser : les relations entre les genres ainsi que celles entre les humains et la nature.

Le terme d'écoféminisme est apparu en 1974 sous la plume de Françoise d'Eaubonne**, laquelle fut une des premières intellectuelles françaises à avoir fait un lien théorique et politique entre écologie et féminisme « en faisant le postulat que les hommes – le patriarcat – ont

* *Femmes qui courent avec les loups – Histoires et mythes de l'archétype de la femme sauvage*, traduit de l'anglais par Marie-France Girod, Grasset, 1996.

** Cofondatrice du MLF en 1968, elle y anima la section Écologie et féminisme.

fait à la fois main basse sur le ventre des femmes et sur les ressources naturelles* ». Selon elle, l'objectif de l'écoféminisme n'est pas la prise de pouvoir par les femmes, mais bien la « gestion égalitaire d'un monde à renaître** ».

Rétrospectivement, on peut intégrer dans ce mouvement la biologiste marine Rachel Carson***, lanceuse d'alerte sur certains risques environnementaux pour la santé, les femmes indiennes du mouvement Chipko, qui protestaient contre la déforestation en entourant les arbres de leurs bras pour empêcher que l'on ne les scie. Elles seront suivies par de multiples scientifiques, juristes, paysannes, ou femmes ordinaires comme vous (peut-être) et moi... Oui, l'écoféminisme fait de plus en plus d'émules.

« Les liens entre les femmes et la nature sont inscrits dans nos gènes depuis toujours et relèvent d'un héritage ancestral », explique Vandana Shiva****. C'est en particulier le cas dans la cosmologie indienne, où les êtres vivants sont issus d'une même énergie, appelée *shakti*****. Pour la militante indienne, la nature vivante et l'intelligence féminine sont toutes deux essentielles à la survie de l'humanité. C'est pourquoi elle milite pour la

* Françoise d'Eaubonne, *Le Féminisme ou la Mort*. Paru pour la première fois en 1974 (éditions P. Horay), 1974, et réédité en octobre 2020 aux Éditions le Passager clandestin, coll. Boomerang.

** *Ibid.*

*** Autrice de *Silent Spring* en 1962, publié deux ans avant sa mort. Le retentissement de cet ouvrage contribua à l'interdiction du DDT aux États-Unis. Paru en français sous le titre *Printemps silencieux* chez Plon en 1963 (dans une traduction de l'anglais de Jean-François Gravrand), il a été réédité en 2009 aux éditions Wildproject avec une introduction d'Al Gore.

**** Lionel Astruc, *Vandana Shiva – Pour une désobéissance créatrice*, Entretiens, Actes Sud, 2014. Cette écrivaine et activiste indienne dirige la Fondation de la recherche pour la science, les technologies et les ressources naturelles (*Research Foundation for Science, Technology and Natural Resource Policy*). Elle a reçu le prix Nobel alternatif en 1993 « pour avoir placé les femmes et l'écologie au cœur du discours sur le développement moderne ».

***** Ce nom désigne à lui seul le principe féminin et la force créatrice, comme le définit Lionel Astruc dont le livre cité dans la note précédente.

promotion d'une agriculture paysanne ainsi que pour la libération des graines* – des enjeux aussi importants sur le plan écologique que symbolique. Vandana Shiva ne se contente pas de dénoncer l'actuel modèle productiviste, elle remet également en cause l'ensemble de la société : « C'est un fait historique commun à toutes les cultures : les femmes sont les premières agricultrices et aujourd'hui encore dans les sociétés traditionnelles, elles font le lien entre les champs et l'assiette**... » Partout dans le monde, les femmes veillent à ce que leur famille et leur communauté mangent à leur faim et vivent en bonne santé afin que le cycle de la vie puisse continuer à l'infini. Selon elle (et pas seulement), l'écoféminisme n'est pas une mode, mais la condition de notre survie à tous.

Historiquement, il est intéressant de noter que c'est souvent par la santé environnementale que les femmes s'emparent des questions écologiques et finissent par se mobiliser. Leur déclic est bien souvent relié à des problèmes susceptibles de menacer la santé de leurs enfants. Alors elles finissent par sauter le pas, s'organisent en réseau, transmettant leur savoir, travaillant d'arrache-pied, se montrant courageuses et déterminées. Engagées.

Se relier aux lois du vivant

Vivre une vie plus naturelle en accord avec les lois du vivant n'a pas pour seul objectif de ne libérer que les femmes, bien sûr, mais bien d'avoir un impact sur la vie de tous, hommes inclus ! Le modèle de société défendu par les écoféministes suppose que l'homme sorte des

* Des multinationales ayant breveté certaines semences, Vandana Shiva s'est battue afin de libérer leur usage.

** Lionel Astruc, *Vandana Shiva*, *op. cit.*

stéréotypes de violence et de domination dans lesquels il est également enfermé, comme le souligne Vandana Shiva : « C'est tout le paradoxe et l'ironie de la situation : alors que tout porte à croire qu'ils dominent, ils seraient en réalité prisonniers des stéréotypes de la virilité*… » Une vision partagée par Pierre Rabhi, écologiste et fondateur du mouvement Colibris : « La subordination du féminin à un monde masculin outrancier et violent demeure l'un des grands handicaps à l'évolution positive du genre humain. Il nous faut rendre hommage aux femmes gardiennes de la vie, et écouter le féminin qui existe en chacun de nous**. »

Pour autant, s'il s'agit de renouer une connexion perdue avec la nature, évitons de nous laisser enfermer en tant que femmes dans un entre-soi : si je me sens à la fois profondément féministe et tout autant écoféministe, je ne comprends pas les querelles de chapelles qui existent à ce sujet dans la sphère féministe. Je ne pense pas que l'engagement écologique soit réservé aux femmes par essence. Oui, on peut faire un parallèle entre la manière dont les hommes traitent les femmes et la nature. Oui, on peut constater des résonances : une même durée entre les cycles lunaires et menstruels, un pouvoir commun de production et de reproduction, ainsi qu'un aspect nourricier indéniable. Mais cela ne signifie pas que la femme doive forcément devenir mère pour réaliser ses potentialités ni qu'elle soit *de facto* destinée au soin (qu'on appelle souvent, en utilisant un anglicisme, le *care)* des autres. Et les caractéristiques féminines ne sont pas réservées aux seules femmes. Nous sommes, hommes et femmes, le fruit d'un mode de pensée patriarcal et capitaliste.

* *Ibid.*

** *In* Olivier Le Naire, *Pierre Rabhi, semeur d'espoirs*, « Charte internationale pour la Terre et l'humanisme », Actes Sud, 2013.

Certains ont peut-être intérêt plus que d'autres à voir les choses perdurer. Mais je pense que de nombreux hommes ne se reconnaissent pas dans cette domination et se sentent en lien profond avec la nature, ou à leur juste place dans le *care*. Persister dans cette dualité à coups de « les hommes sont comme ci », « les femmes sont comme ça » ne peut qu'annihiler tout débat. Je crois aussi qu'il n'y a pas de combats plus légitimes que d'autres. Lors de mes conférences, je suis frappée de voir la manière dont certaines personnes sont capables de décréter quelle est la priorité absolue à mettre en œuvre. Je souris alors en leur expliquant qu'il s'agit de *leur* priorité. Pas forcément de la mienne ni de celle des autres. À chacun(e) d'engager son énergie dans ce qui résonne avec le plus de justesse pour lui ou elle. On ne peut pas avoir conscience de tout, être bon partout. Pour ma part, j'en apprends tous les jours sur l'état du monde, les systèmes de domination, les actions menées par les un(e)s ou les autres. Cela m'enthousiasme. Cela ne me donne aucun droit de dénigrer les engagements de certain(e)s. Au contraire, nos croyances plurielles et nos lectures multiples me semblent être davantage une richesse qu'un problème. À condition de ne pas nous battre entre nous, en oubliant les priorités de fond. À condition de nous respecter, que nous soyons féministes, écologistes, activistes, engagé(e)s et parfois enragé(e)s.

Plutôt que de se demander ce qui vient de l'acquis et ce qui vient de l'inné, ne pourrait-on pas faire autrement et prôner un changement conséquent du comportement de tout un chacun face à la nature, et entre les humains ? Et si l'on explorait ensemble d'autres voies, qui nous permettraient collectivement de prendre conscience du fait que le vivant, sous toutes ses formes, est constitué de la même vibration, d'une énergie proche ? Et si l'on osait renouer avec nous-même, notre corps, autrui, la nature, les animaux, les ruisseaux, le vent ? Renouons avec plus grand que nous, et plus petit aussi, tout l'infini et le sensible. Explorons en allié et non en dominateur, dans la rondeur et le respect. Dans une quête de vision* collective, pratiquons l'écoute et la frugalité. Retissons ces liens sans lesquels nous ne pouvons que nous asphyxier.

Et n'oublions pas : oui, la sorcière (celle qui est présente en chacun de nous) est bien celle qui entretient une proximité charnelle avec la nature, dans un environnement culturel moderne qui a plutôt eu tendance à penser l'humain comme étant à part et capable de soumettre la nature à sa volonté. Pourtant cela va bien au-delà de ça : s'il nous faut respecter la Terre dans sa globalité, ce n'est pas seulement parce qu'elle nous est vitale, mais, plus fondamentalement, parce qu'elle est sacrée. Starhawk fait régulièrement référence à la Déesse, vestige des sociétés animistes, et cette notion, parfois complexe à comprendre, est ici fondamentale : elle met en avant la dimension féminine du divin dans des cultures marquées par ce que l'on appelle les religions du Livre qui ont eu tendance à lui donner plutôt des traits masculins ; elle valorise sa présence dans la matière alors que nous sommes accoutumés à une représentation qui situe la spiritualité dans les cieux. La Déesse invoquée dans les rituels est incarnée, elle nous parle de cette immense capacité de régénération qui existe autour de nous et qui nous dépasse. C'est pourquoi

* Selon la définition qu'en donne Audrey Mouge sur le site du magazine *Inexploré* (https://inexplore.inrees.com/) : « Hérité des Indiens Sioux Lakotas d'Amérique du Nord, ce rite de passage chamanique, basé sur un processus de mort et de renaissance symboliques, a été imaginé par les sagesses indigènes pour que chaque quête de vision permette de nous reconnecter à nos propres racines, à l'homme ou la femme sauvage que nous sommes originellement, et aux enseignements universels, pour ainsi développer nos propres dons et savoir ce que nous sommes appelés à en faire pour contribuer à un monde meilleur. »

la figure de la sorcière, dont la spiritualité est basée sur l'immanence*, dérange autant (et de tout temps) les monothéistes**, mais pas seulement : l'athéisme ambiant dans lequel nous vivons voit aussi d'un mauvais œil, à la fois méfiant et méprisant, cette possibilité d'intrusion du spirituel dans l'espace public et le champ politique. En cela, ils ne se trompent pas : il s'agit bien du spirituel capable de s'inviter au cœur de nos vies.

* « L'immanence désigne le caractère de ce qui a son principe en soi-même, par opposition à la transcendance qui indique une cause extérieure et supérieure. » En spiritualité, cela signifie que le sacré est en toute chose et non à l'extérieur de celles-ci (et de nous). *Dictionnaire des concepts philosophiques* (sous la direction de Michel Blay, Larousse, 2006).

** Longtemps complices du patriarcat, en particulier pendant les chasses aux sorcières.

CHAPITRE 8

CULTIVER UNE AUTRE SPIRITUALITÉ

*« Se définir comme sorcière, c'est [...] cultiver une spiritualité enracinée dans la nature, l'érotisme et la terre**. »*

Starhawk

Le temps passant, notre monde occidental a semblé s'éloigner inéluctablement de celui de la religion, pour faire place à une nouvelle forme de spiritualité. Peut-être à cause des errances, des violences et des abus des religions monothéistes et probablement pour mille autres raisons aussi (le nouveau culte de l'argent, de la consommation et de la réussite semble effacer de nombreuses choses de notre logiciel intérieur). La philosophe Gisèle Siguier-Sauné explique la nuance entre la notion de religion et celle de spiritualité : « Certains systèmes dogmatiques qui visent à donner, voire imposer, une certaine représentation de Dieu ou de la divinité, ont largement évacué le spirituel au profit du dogme et d'un moralisme mortifère. Pour autant, la religion ne saurait être systématiquement opposée à la spiritualité. Le terme vient du latin *religio*, qui implique, selon Cicéron, l'idée

* Starhawk, *Rêver l'obscur*, *op. cit.*

de recueillement : recueillir avec soin, dans une attention au présent*. » La spiritualité définirait donc le fait de se concentrer sur ce que l'on possède à l'intérieur de soi, au cœur de soi.

Tous en quête de sens

Cette nouvelle spiritualité semble plus libre et personnelle, assez multifacettes : le succès du chemin de Saint-Jacques-de-Compostelle, du yoga de la kundalini**, de la méditation, des voyages spirituels dans le désert, le culte de Marie-Madeleine, les quêtes chamaniques en Amazonie ou chez les Amérindiens en témoignent. Le marketing s'est aussi invité dans ces pratiques, sans, pour l'instant, en éliminer l'essence réelle (je trouve). Les Occidentaux semblent affamés d'autres valeurs, d'autres perceptions de la réalité, d'autres relations avec le vivant. Il s'agit d'une forme de spiritualité intégrative, dans laquelle chacun inclut ce qui résonne pour lui.

Je suis un parfait exemple de ce revirement (jusqu'à la caricature parfois !). La spiritualité occupe une place de plus en plus importante dans ma vie. Le chemin de Saint-Jacques-de-Compostelle constitue le territoire que je préfère sur Terre, mon lieu de ressourcement, où je n'ai de cesse de retourner année après année. Je suis allée plusieurs fois au Pérou en retraite chamanique, j'ai participé à une *sun dance* dans une tribu indienne au Canada. Mon appartement est plein d'autels, de grigris, de pierres magiques, d'images sacrées et de

* Interview sur le site actu.fr, 10 janvier 2019.

** Ce yoga très puissant (la kundalini est un terme sanskrit qui signifie « énergie vitale ») consiste en des enchaînements de postures, des exercices de méditation, de respiration et de chant sur des mantras.

bougies. J'enseigne le yoga de la kundalini… Et si cela peut en faire sourire certains, tout cela me va, me plaît, me réjouit. En matière de spiritualité, la forme n'est pas le plus important pour moi. Le fond est en revanche une priorité. Si je me sens aussi bien dans une église que dans une mosquée, les messages d'amour, de tolérance, d'ouverture et d'humilité me sont essentiels. J'attends d'un leader spirituel qu'il me rappelle à mon essence lumineuse et qu'il irradie la joie. Pas qu'il cherche à prendre le pouvoir sur moi ni à m'affirmer sa vérité de manière péremptoire. Le monde de la magie est plein de connexions et d'ouvertures à une autre dimension de la vie, invisible et cachée, au-delà de la forme et du temps. Aujourd'hui la magie rythme mon quotidien. Comme autant d'étapes, de célébrations jour après jour, saison après saison. Avec la croyance profonde que les choses ont un sens et que c'est à moi de le trouver. Que rien ne me sera donné en « prêt-à-penser ».

Tout est magie, tout est sacré

La spiritualité nous oblige à creuser sous la surface, à nous recentrer sur ce que l'on ressent plutôt que ce que l'on voit, et à partager la bienveillance et la joie. Elle nous invite à changer de perspective, à mettre de la conscience dans nos pensées et nos actions et à se laisser guider par autre chose, une intuition profonde. La foi n'a pas déserté, elle s'est déplacée. Vers soi, vers l'humanité, vers des pratiques sincères qu'on relie aux éléments et aux sensations plutôt qu'aux interprétations mentales. Des pratiques qui célèbrent l'authentique, nous unissent et nous apaisent dans un monde qui en a urgemment besoin. Des pratiques qui nous invitent à nous connecter à notre propre puissance et à la réalité de notre conscience, celle-ci pouvant fonctionner à différents niveaux. L'idée de Dieu ou de la Déesse peut alors être comprise comme une réalité, une perception personnelle, se révélant à nous selon nos chemins d'évolution et nous permettant d'aimer au-delà de soi-même dans une réalité à la fois transcendante et immanente, divine et humaine. Cette nouvelle perception devient alors source de sens, voire de salut. Car en ces temps parfois chaotiques, notre conscience spirituelle peut constituer une véritable ressource : on y trouve une forme de réconfort, mais c'est aussi une perception qui va au-delà de nos questionnements. J'y vois pour ma part une véritable initiation, un enseignement au sens sacré du terme.

Il est intéressant de constater que la quête de nombreuses autres personnes autour de moi est proche de la mienne. C'est un mouvement qui ne fait que s'amplifier. Chacun cherche à sa manière, parfois solitaire, toujours sans tabous, une issue, une autre perception du réel afin de mieux pouvoir le supporter. Les démarches sont autonomes, cloisonnées, toujours décomplexées. Plus personne n'a peur de passer pour un être illuminé. Comme si on avait besoin d'essayer autre chose dans la « vraie » vie. Comme si la sensation d'être arrivé au bout d'une certaine idée de la société de consommation, ajoutée à l'inquiétude liée à l'urgence climatique, nous poussait à chercher une autre voie. Les pratiques ésotériques ont le vent en poupe, les ateliers, les séminaires de méditation, de yoga, de sorcellerie affichent complet. Nous prenons soin de notre monde intérieur, d'autant plus que les conditions extérieures nous paraissent incertaines, fragiles. Nous cherchons… et parfois nous trouvons.

Une enquête a ainsi été publiée en 2015 sur les chercheurs spirituels que nous sommes*. Les résultats méritent d'être consultés car, loin des attentes et des clichés, ils augurent bien de notre situation d'aujourd'hui : loin de la quête égotique que l'on imagine parfois, les personnes interrogées se sentent solidaires des autres et de la planète, en connexion profonde avec le monde dans sa totalité. Contrairement à ce que l'on croit, il ne s'agit pas de fuite ou d'une bulle destinée à se réfugier par rapport à une réalité trop matérialiste ou technologique : ces personnes ne cherchent pas à militer « pour » ou « contre », mais seulement à se positionner au sein de ce monde tel qu'il est. Chacune à sa manière, spécifique et singulière. Elles vont et viennent, dans et hors du monde, à leur rythme, d'une manière réellement investie et non superficielle. Il me semble que c'est d'autant plus vrai aujourd'hui, où les chaos de ce monde se font particulièrement sentir.

S'ils peuvent être déroutants pour les tenants d'une orthodoxie religieuse, ces comportements – nos comportements – bénéficient d'un réel engagement. Nous lisons, écoutons, étudions et cherchons alors ce qui résonne pour nous personnellement à un instant T. Cela peut alors aboutir à une forme de syncrétisme personnel, véritable mélange issu de multiples influences, celui-ci étant également susceptible de se transformer et d'évoluer au fil des rencontres et/ou du temps : « Les chercheurs spirituels distinguent clairement ce qui pour eux est au centre et ce

* Jean-François Barbier-Bouvet, *Les Nouveaux Aventuriers de la spiritualité – Enquête sur une soif d'aujourd'hui*, Mediaspaul.
Cette enquête a été effectuée par le Gerpse (Groupe d'étude sur les recherches et les pratiques spirituelles émergentes) pendant deux ans (2013-2014), en collaboration avec l'université de Strasbourg. 50 000 questionnaires ont été envoyés à des personnes ayant suivi un stage, une session ou une formation dans un centre spirituel depuis moins de cinq ans. 6 000 réponses ont ensuite été analysées.

qui est à la périphérie, ce qui relève du fondamental et ce qui relève de l'accessoire », comme l'explique le sociologue Jean-François Barbier-Bouvet*. Loin d'un monde spirituel où il faut être soit dedans soit dehors, nous sommes à la fois dedans et dehors, dans une quête régulière d'unité.

Je me reconnais bien là. J'ai l'habitude de dire que je ne suis pas croyante mais que j'ai la foi. C'est-à-dire que je ne rentre pas dans un cadre, dans un dogme, que je vais plutôt favoriser une forme d'introspection, d'écoute profonde d'un chemin qui me parle à un moment donné. Je crois en une spiritualité du quotidien où tout pourrait faire temple à condition de le choisir et d'y investir de la conscience. Une spiritualité du moment présent. Une spiritualité de l'évidence. Où la nature, les corps en fête ne seraient pas exclus de nos consciences, mais feraient partie de celles-ci. Ce seraient autant de moyens d'accéder au divin en nous : lorsque nous sommes dans la nature ou lorsque nous faisons l'amour pleinement, c'est comme si nous percevions que quelque chose de plus grand que nous vit en nous. Et nous avons alors le pouvoir de nous y connecter. Éventuellement d'agir dessus, car nous savons que nous pouvons être à la fois méditant(e) et militant(e). Tel est le propos de la magie. Tel est son intérêt aussi. Car la magie ne se contente pas de proposer des centaines de pistes, de rituels, de formules… Plutôt que de s'égarer en cherchant à inventer la totalité de sa propre spiritualité, la magie offre des symboles, des rituels, une structure sans prise de pouvoir. Elle nous permet également, si on le souhaite, de nous connecter à une communauté. Pour moi, c'est le plus grand de ses atouts : nous permettre de conjuguer spiritualité, créativité et liberté.

* *In* le magazine *La Vie* du 19 février 2015.

CHAPITRE 9

MES MAGIES

« Libéré de ces entraves, vous pouvez maintenant commencer à voir se dessiner au loin un monde dont vous ne faisiez que soupçonner l'existence. Est-ce un mirage ? Est-ce la réalité ? »*

Arnaud Thuly

Soyons bien clairs : il existe autant de magies et de moyens d'agir sur le monde pour le transformer que de personnes. Et mon propos ne sera jamais de dire (ni même de penser) que ma magie est meilleure que celle des autres. Réciproquement, je n'attends pas non plus de commentaires m'expliquant par A + B que je me trompe, que tel rituel doit se pratiquer de telle ou telle manière. Si j'avais envie de rituels normés et formatés, j'adhérerais à une pensée religieuse et je me glisserais dans ce qui est proposé. Je ne crois pas aux expert(e)s de la magie, aux mages de père en fils ou de sorcières de mère en fille**, dans le sens où ils/elles connaîtraient le vrai alphabet, le dogme de toute éternité et que les autres n'auraient qu'à

* Arnaud Thuly, *La Voie du mage – Bien débuter : entraînements préparatoires*, Alliance Magique, 2012.

** Même si je sais qu'il y en a, je ne vois pas en quoi cela leur donnerait davantage de légitimité qu'aux personnes qui ont envie de cheminer à leur manière.

se taire. Pour moi, si la magie s'apprend, elle peut aussi se décliner à toutes les libertés : donc sentez-vous vraiment libre de choisir ce qui vous convient. Je vais vous communiquer celle qui me plaît et qui résonne en moi et vous donner des pistes afin que vous puissiez trouver votre magie, votre pratique et vos rituels. Afin que vous puissiez vivre vos expériences de manière personnelle.

L'intérêt de la magie, justement, c'est que l'on peut faire preuve de créativité et comprendre que les rituels sont amenés à évoluer, selon notre parcours de vie. Pour ma part, je constate bien qu'ils ne cessent de changer dans ma pratique et mes envies. Et si pendant longtemps j'ai aimé chercher dans des livres ou questionner des maîtres sur le bon mode d'emploi pour telle ou telle situation, désormais il m'arrive régulièrement de tout inventer pour réaliser mes rituels. Je m'imprègne du contexte – moment de l'année, état astrologique du ciel, intentions –, et je laisse monter mes idées. Je les accomplirai dans un certain cadre – ouverture et fermeture du cercle par exemple* –, mais ensuite je ne connais guère de limite aux possibles à inventer. Pour le moment, j'utilise beaucoup le yoga de la kundalini afin de favoriser l'ancrage et la montée énergétique : cela ne signifie pas qu'il soit le seul outil à ma disposition pour y parvenir. C'est juste que j'aime cette pratique, que je la trouve très puissante et que les résultats que j'obtiens avec ce soutien me semblent supérieurs à ceux que j'obtenais auparavant. Il m'arrive régulièrement de proposer ce que j'appelle des rituels de kunda-magie, alliance de ce yoga et de la magie, et ceux-ci me semblent de plus en plus cohérents et efficaces, en harmonie et en vibrations justes avec mes systèmes de croyances. Il

* Lors de chaque rituel, on prend acte du commencement du rituel avec la création d'un espace sacré. À la fin du rituel, on clôt l'espace.

ne s'agit aucunement de vérité et ce que j'écris ici n'est absolument pas parole d'évangile. Ou peut-être est-ce un évangile rien que pour moi, et c'est déjà formidable. Je vais aussi partager avec vous des outils qui m'enthousiasment et nourrissent mon imaginaire. À vous de sentir ce qui vous fait vibrer. À vous alors de mêler votre vie, votre énergie et votre inventivité à ceux-ci. C'est plus simple qu'il n'y paraît. Seul un élément est indispensable pour réussir ici : la détermination. La constance dans l'intention est aussi importante que la puissance que vous avez et qui est le fruit de mille éléments : le soin que vous apporterez à votre santé en fait partie, ainsi que tout le travail fait afin d'améliorer vos perceptions sensorielles, qui est incontournable dans ce domaine. Tout un travail de concentration est proposé, afin d'affiner nos différents sens : l'ouïe, la vue, mais aussi les ressentis énergétiques au niveau des mains et de l'ensemble du corps. Comme la vie, la magie est un chemin d'apprentissage. Plus ou moins laborieux selon les instants. Toujours passionnant.

S'ouvrir au monde de la magie, c'est considérer que tout ce qui existe possède une énergie dont on peut faire usage d'une manière ou d'une autre. C'est aussi considérer que l'être humain existe au-delà de son corps physique* : « Plus vous prendrez conscience de votre nature psychique ou spirituelle, plus votre conscience s'élargira et vous permettra de percevoir une réalité qui vous était totalement inconnue jusqu'ici mais qui a pourtant toujours été présente** », explique l'auteur et alchimiste Vincent Lauvergne. La magie utilise ainsi toutes les énergies existantes, les nôtres comme celles qui nous entourent, afin de

* Un être humain est doté d'une dimension physique, énergétique, émotionnelle, mentale, mais aussi symbolique.

** Vincent Lauvergne, *La Magie des égrégores – Créer et maîtriser les énergies psychiques et collectives*, éditions Trajectoire, 2017.

les concentrer et de les diriger là où l'on souhaite qu'elles agissent. Le rituel sert spécifiquement à ça, à créer ce pont entre le monde visible et le monde invisible, entre la matière et l'énergie. Il consiste en une mise en scène destinée à transmettre en premier lieu notre intention consciente à notre inconscient : « Toutes nos structures de croyances sont ancrées dans notre inconscient, poursuit Vincent Lauvergne. C'est lui qui est majoritairement aux commandes de notre vie et si nous voulons changer, c'est donc sur lui qu'il faut agir*. »

Le temps des rituels

Comme je le dis et le répète, la magie dépasse largement le cadre des rituels : il s'agit bien davantage d'une façon de penser, d'un mode de vie, d'une perception du monde. Cette perception se fait souvent à rebrousse-poil des croyances collectives. Non par principe. Mais parce que les croyances que l'on cherche à nous inculquer dans de nombreux domaines sont davantage destinées à prendre le pouvoir sur nous qu'à favoriser l'émergence de notre pouvoir intérieur. Le temps du rituel reste néanmoins un moment clé du monde magique. C'est le moment où notre énergie et notre volonté aiguisée s'unissent dans une certaine direction : notre intention. La magie fait le postulat que nous avons du pouvoir sur la réalité. Celle-ci n'est pas statique. Si vous n'aimez pas quelque chose dans votre existence ou en vous-même, vous pouvez le changer. Si vous avez besoin de résoudre un problème, vous pouvez faire en sorte qu'il se résolve. Le rituel peut faire penser à une forme d'engagement qui passe par un lien

* *Ibid.*

entre soi et le tout. C'est pourquoi les rituels sont très présents dans ma vie. Ils me permettent de structurer celle-ci, de me guider.

Je ne suis pas la seule à les inviter dans mon quotidien. Lorsque j'ai commencé dans le journalisme, le premier article que j'avais écrit était sur les rituels que les tout-petits avaient (ou devraient avoir) au moment du coucher. Afin de ne plus avoir peur, afin de créer leur espace de sécurité pour pouvoir lâcher-prise et s'endormir en toute sérénité. Les rituels des adultes n'en sont pas si éloignés : notre vie est en effet remplie de petits actes ritualisés, parfois sans que nous en ayons conscience : par exemple, anniversaires amoureux, retrouvailles destinées à sceller une amitié, ou geste spécifique en mémoire d'une personne disparue. Il s'agit avant tout de satisfaire notre désir inconscient de nous rassurer, de donner du sens à notre existence. Au-delà du rite qui peut organiser notre quotidien (sans être nécessairement chargé de symbolisme), la fonction du rituel est de mettre en scène le symbole, de manière plus ou moins collective.

« [...] dans nos sociétés, on ne laisse pas des enfants naître, des couples se marier, des hommes et des femmes mourir sans chercher à donner sens, de quelque manière, à ce passage d'un état de l'être à un autre* », expliquait l'ethnologue Jean Cuisenier, spécialiste de l'étude des rituels du quotidien et des croyances populaires et fondateur de la revue *Ethnologie française*. Le mot « rite » vient du latin *ritus* signifiant « ordonnance » : justement parce que, dans le rite, il y a l'intention d'organiser le monde avec une certaine cohérence. « Face aux aléas de la vie et à sa finitude, notre besoin de rituels est vital** », poursuivait-il.

* Jean Cuisenier, *Penser le rituel*, PUF, 2006.
** *Ibid.*

La plupart se déroulent en effet à des temps et/ou dans des espaces spécifiques, qui rappellent à l'ensemble de la communauté certains aspects de sa vision du monde, de son histoire et de sa mémoire. D'ailleurs, publics ou privés, les rituels restent essentiels, car ils soudent le collectif en réaffirmant l'identité de ceux qui les pratiquent et en étant liés à des événements importants. Et si certains ne nous conviennent plus, parce qu'ils sont devenus trop formels et donc moins efficaces (puisque l'on y croit moins), il est normal que nous cherchions à en inventer de nouveaux. Ou à en emprunter à d'autres traditions qui nous parlent davantage – pour le moment. Rien n'est figé dans ce domaine qui nous parle aussi de créativité.

Pendant longtemps, donc, des rituels de toutes sortes, variables selon les pays et les communautés, ont ponctué la vie des gens et le rythme des saisons. Les participants rassemblaient alors leurs énergies pour porter des intentions dans le monde de la réalité, intentions de protection, de soutien dans les moments de passage – comme la puberté, les deuils, les changements de statut personnel ou professionnel –, et d'abondance le plus souvent. Le rituel est une danse, un feu, une vague, quelque chose d'aussi fondamental et inutile que la poésie. Selon moi, il participe de la structure de nos vies. Si le rituel fonctionne, c'est parce que c'est une relation de pleine conscience que l'on s'offre à soi-même, une ouverture au-delà de l'espace et du temps, avec le sentiment de faire alliance avec un principe supérieur, telle une porte vers l'invisible.

Les activités ritualisées cherchent à créer des conditions particulières pour se sentir en lien avec la source : elles comportent plusieurs dimensions, corporelles, cognitives, émotionnelles, et recouvrent également une grande variété d'expressions, il peut s'agir de gestuelles, de chants, d'invocations, de costumes spécifiques, de décors… Le paradoxe étant que c'est au cœur de cette fantastique diversité que va émerger notre universalité, au-delà des cultures et des traditions : celle de notre humanité face aux aléas des lois de la nature, de la vie, et de l'arbitraire du « hasard » (ou ce qui nous apparaît comme tel). Car on retrouve de nombreuses constantes dans le cadre de ces rituels (constantes auxquelles nous nous référons encore) : méditer en cercle, marcher en silence dans la forêt, danser la femme sauvage, écrire nos peurs et nos désirs, brûler ce qui nous limite, se libérer des émotions, ouvrir nos cœurs, se donner la main… Sans doute en réponse à un besoin d'une participation plus active et moins contrainte (que lors des cérémonies religieuses) à l'élaboration même du cérémonial. Le rituel est un temps sacré, que l'on ait conscience de cette dimension ou pas. Lorsque nous fêtons l'anniversaire de quelqu'un que nous aimons, nous venons honorer sa singularité dans nos vies, la joie de sa présence sur terre, nous nous rendons disponibles pour un moment précieux.

Par sacré, l'historien des religions Mircea Eliade entendait « quelque chose d'opposé au monde profane et à la routine de tous les jours, une faille par laquelle peut se manifester la dimension extraordinaire de la vie* ». Et c'est cette situation « de rupture avec le quotidien » qui favorisait l'apparition des visions et de la magie.

Par ailleurs, si nous sommes si puissamment intéressé(e)s par de telles pratiques, c'est peut-être pour « leur capacité à évoquer un voile du mystère », selon le chercheur canadien en socio-anthropologie Denis Jeffrey. « Les rituels, en fait, sont mis en scène par les uns et les autres pour rappeler que la vie ne se possède pas entièrement. Toujours

* *Le Sacré et le Profane*, Gallimard, 1965.

quelque chose nous échappe. Il y a dans la vie de l'inexpliqué que le rite matérialise et symbolise*. » Les rituels sont comme une prière de l'âme en action.

Aujourd'hui, les rituels réinvestissent notre quotidien** de multiples manières : cercles de femmes, tentes rouges, cérémonies du cacao sacré, sabbats et toutes ces célébrations des temps de l'année… De nouvelles manières de faire émergent également, qui reposent pour certaines sur les sagesses ancestrales, pour d'autres davantage sur l'inventivité des personnes connectées à leur propre conscience sacrée. Car les sources d'inspiration et les pratiques sont infinies. Et c'est un véritable bonheur de trouver celles qui nous parlent (ou plutôt qui parlent à notre âme). Notez que d'une manière générale, il existe quand même une forme de technologie du sacré, technologie assez simple à repérer et à partir de laquelle on peut structurer son propre espace de créativité (plus le niveau de conscience d'une personne est élevé, plus ses gestes seront justes, presque au-delà d'elle). Dans tous les cas ? Par exemple, on pensera à se mettre dans un état de conscience singulier, à ouvrir l'espace, à utiliser certains outils dédiés, puis à fermer cet espace en fin de rituel… À partir d'un apprentissage, voire d'une transmission, il est possible de mettre de la souplesse, d'évoluer, d'écouter son intuition, ce que notre âme a peut-être à nous dire et de dépasser la rigueur de l'enseignement (ou des enseignements) que l'on a reçu… Cela fait aussi partie du chemin. Tout est question d'intention(s). Fait-on des rituels pour prendre le pouvoir sur d'autres, pour valoriser son ego, par peur, ou est-ce réellement pour partager quelque chose qui

* Denis Jeffrey, *Éloge des rituels*, Les Presses de l'Université Laval, 2003.

** Avant-guerre, Jung avait déjà identifié que plus une société serait dévorée par le matérialisme, la consommation et la technologie, plus elle aurait besoin de se relier au symbolique.

nous touche en profondeur et nous permet de grandir en humanité ? Si l'on est honnête, il peut y avoir plusieurs réponses à une telle question, et ce n'est pas grave... Néanmoins, plus on accomplit un rituel en conscience, plus il sera puissant et transformateur. Bien sûr, si on le fait de manière automatique sans être pleinement présent ou sans s'y impliquer, son impact risque d'être décevant. Je pense pourtant que ce n'est qu'en expérimentant les rituels qu'ils finissent par prendre un sens profond. Et que ce sens, s'il a une portée collective, est d'abord individuel. Certains rituels peuvent n'avoir aucun sens pour soi. Il est inutile alors de se forcer, de vouloir se le rentrer dans la tête. Ce n'est probablement pas celui qui est juste pour soi. Ou pas pour l'instant.

Lorsque l'âme agit...

La magie, ce moment où « l'âme agit », nous invite donc à notre tour à honorer le temps qui passe, à allumer cette étincelle, ou à ne rien considérer comme « normal », mais à chercher le cadeau, le sens, derrière chaque situation, chaque transformation ; à grandir, à évoluer, non pour faire des autres les spectateurs de cette évolution, mais parce que c'est la raison de notre présence ici-bas – l'école de la vie. Au-delà de notre impulsion initiale, de notre envie, de toute mode magique, cette démarche demande de l'engagement, de la persévérance, pour dépasser la matière et nous laisser porter par une autre dimension (ou la possibilité de celle-ci). La conscience du grand en nous ne peut émerger qu'à la suite d'un travail de mise à l'épreuve avec discipline, constance et discernement de nos motivations propres. Sinon, on pourra faire des expériences surprenantes, notre ego en sera tout à fait satisfait, mais on ne sera connecté à rien. Comme je vous l'ai déjà dit, il existe de très nombreuses traditions ésotériques et je suis loin de les connaître toutes : je partage ici avec vous celles qui me sont le plus familières ou celles qui m'attirent le plus (et donc sur lesquelles je travaille pour l'instant). Mais n'hésitez pas à suivre vos envies personnelles et votre inspiration. En suivant le chemin de votre âme, vous ne pouvez pas vous tromper…

La magie du chaos

L'une des magies dont je me sens probablement la plus proche aujourd'hui a justement fait de la liberté individuelle le cœur de sa proposition (même si elle est infiniment plus complexe que ça) : il s'agit de la magie du chaos (ou *Chaos Magick* en anglais). Rien que le nom me plaît…

Le chaos est cet état de vide où tout existe potentiellement. La magie du chaos invite donc les pratiquants à découvrir tout ce qui est susceptible de fonctionner pour eux et ensuite de l'utiliser, sans se préoccuper de savoir si cela appartient à un autre système de croyance ou pas, si c'est pure invention ou fantaisie. Peu importe, pourvu que l'on y croie et que l'on obtienne des résultats. Les Chaotes, comme ils s'appellent, travaillent leur capacité à changer de croyances quand ils le souhaitent : c'est ce que l'on appelle un changement de paradigme.

Une grande partie de cette magie traite donc de l'utilisation d'autres systèmes, afin de construire un système magique pratique et unique, personnel et fonctionnel. Selon l'écrivain et occultiste Phil Hine : « […] les approches "traditionnelles" de la magick* impliquent de choisir un système donné et de s'y tenir. La perspective du Chaos, ne ferait-elle que cela, encourage une approche éclectique de l'évolution, et les Magiciens du Chaos sont libres de choisir tout système magique disponible, des thèmes provenant de la littérature, de la télévision, des religions, des sectes, de la parapsychologie, etc. Cette approche signifie que si vous rencontrez deux Magiciens du Chaos et leur demandez ce qu'ils font à tel ou tel moment, il est peu probable que vous découvriez une quelconque unanimité dans la démarche. Cela rend le Chaos difficile à épingler comme étant ceci ou cela, ce qui à nouveau tend à tracasser ceux qui ont besoin d'approches de la magick soigneusement étiquetées et claires** ».

Elle met en fait l'accent sur l'expérimentation personnelle et notre capacité à créer notre propre système. Elle se veut donc créative et spontanée, tout en intégrant un grand nombre de techniques issues de la science, de diverses pratiques et cultures (et même de la science-fiction) : la physique quantique, les mathématiques, la psychologie jungienne, le bouddhisme tibétain, le chamanisme, le psychédélisme, le chant, la danse, la méditation, etc. On y trouve aussi l'utilisation de sigils – des sceaux que l'on peut créer à volonté dont nous reparlerons – et des techniques impliquant des états dits d'extase. On appelle saut de paradigme magique le passage d'une technique à une autre ; cela peut consister par exemple à passer d'un rite de la Wicca*** à une technique de magie runique****. Et

* Magick s'écrit ici avec un k par allusion au *ktéis* (« vagin » en grec).

** Phil Hine, *Le Chaos prêt à cuire*, traduit de l'anglais par Philippe Pissier, 2009. Le manuscrit est téléchargeable gratuitement sur Internet.

*** La Wicca est le mouvement religieux païen le plus connu de nos jours. Elle associe chamanisme, druidisme ainsi que de nombreuses mythologies.

**** « Qui utilise les runes ». Les runes sont un alphabet d'origine germanique qu'on utilise aujourd'hui de manière divinatoire.

d'y croire sans réserve dans un cas comme dans l'autre. Le slogan principal de la magie du chaos est « Rien n'est vrai, tout est permis » utilisé par Nietzsche* dans *Ainsi parlait Zarathoustra*, que l'on peut interpréter comme « il n'existe aucune vérité objective en dehors de nos perceptions ; par conséquent tout est vrai et possible** ». Selon la magie du chaos, il est possible d'agir de manière volontaire et consciente sur nos croyances. Pour éviter que ce soit notre inconscient qui les manipule, on agit sur la structure de nos croyances, on s'appuie sur elles.

Un autre concept de cette magie est l'état de gnose, qui souligne l'importance d'être dans un état modifié de conscience pour pouvoir œuvrer dans la magie. Il existe de nombreuses méthodes pour atteindre un tel état, et chacun peut développer la sienne. Pour en avoir essayé plusieurs, j'aime utiliser à ce jour le yoga de la kundalini, comme je l'ai déjà évoqué. Il me permet d'optimiser mon niveau d'énergie et de concentration, de m'ancrer dans mon corps, tout en ouvrant mon cœur, mon ressenti et ma connexion au-delà de moi.

Ce qu'il y a de merveilleux ici, c'est qu'il n'y a pas de voie unique. Chacun fait ce qui fonctionne pour lui, selon ses expériences personnelles ; et c'est ce qui constitue le critère le plus important – en tout cas plus important que les livres, les initiations ou les enseignements. Chaque pratiquant est différent, donc les personnes cherchant absolument un dogme ou un mode d'emploi très structuré risquent d'être déçues ! Cela ne signifie pas, toutefois, que la démarche soit facile. Du fait qu'il n'y a pas de dogme, le magicien doit constamment évaluer les échecs et les réussites de ses nouvelles techniques. En conservant une

* Même si cette phrase ne serait pas de lui : elle a été attribuée au chef religieux chiite Hassan ibn al-Sabbah, mort en 1124.

** Source Wikipédia (entrée : saut de paradigme).

grande foi en lui-même et en sa capacité d'agir au monde. C'est ce qu'explique Hine : « L'un des plus vieux malentendus au sujet de la Magick du Chaos est qu'elle donnait à ses pratiquants carte blanche pour faire tout ce qu'ils voulaient, et que ceux-ci devenaient donc peu stricts (ou pire : brouillons) en ce qui concerne l'évaluation de soi, l'analyse, etc. C'est faux. L'approche Chaos a toujours préconisé une rigoureuse évaluation de soi, une rigoureuse analyse, mit l'accent sur la persévérance dans les pratiques employées jusqu'à obtention du résultat désiré. Apprendre à "faire" de la magick implique que vous devez développer un ensemble de talents et de capacités et, si vous décidez de vous impliquer dans tout cet univers de bizarreries, pourquoi ne pas le faire du mieux que vous le pouvez ?* »

Ce qui me plaît ici, vous l'aurez compris, est l'ouverture et l'engagement que cette magie propose, la possibilité que l'on a de se laisser inspirer par les multiples rencontres de la vie, l'art sous de nombreuses formes, et notre imagination… Elle a la simplicité et la complexité de la liberté, puisque nous sommes nous-même notre propre expérimentateur et modérateur.

La magie verte

Autre source essentielle pour moi, la « fille des bois » : la magie verte, laquelle s'appuie sur tous les éléments naturels comme vecteurs d'action et de transformation (soyons honnêtes, les autres magies le font aussi, mais le revendiquent moins en première intention).

Cet art vert est fondamentalement fondé sur la nature, l'ancrage et la terre. Il y a une prévalence de l'utilisation

* Phil Hine, *Le Chaos prêt à cuire*, *op. cit.*

des herbes, sans oublier la référence à ceux que l'on appelle les Élémentaires*. La sorcière verte est donc une sorcière de la nature, une sorcière de cuisine, de chaumière, de pré et de haies, une sorcière du dehors. Elle aime la nature et la solitude des bois. Pour ma part, c'est vraiment en traversant seule les bois sur le chemin de Saint-Jacques-de-Compostelle que j'ai compris à quel point je m'y sentais bien, en connexion avec la terre et l'univers, à quel point ces paysages m'étaient importants. J'aime profondément la mer, la montagne et même la ville, mais c'est dans les bois que je suis chez moi.

Ma pratique de la magie verte se fait en reconnaissant et en travaillant directement avec les énergies de la nature, sans référence à des déités. Je parle beaucoup moins que Starhawk de la Déesse, ce pouvoir de régénération. Pour moi, la terre, la nature et leurs puissances sont cette déesse, et je n'ai pas besoin de la nommer. Si vous préférez vous référer à elle, faites-le, chacun(e) fait comme c'est juste pour lui ou elle. Cet art vert invoque dans tous les cas le pouvoir en le puisant dans l'union avec la nature, et cette méthode est formidablement énergisante.

La pratique verte utilise donc de nombreuses herbes dans le travail de sortilège, mais aussi des thés magiques, des objets artisanaux et tout ce que l'on peut trouver dans la nature comme objets non végétaux : plumes, pierres, morceaux de bois, cristaux, minéraux, lave, sable, eau sous différentes formes, pluie et tempêtes aussi. Cela peut être également des coquilles d'œuf, des nids abandonnés, des petits bouts de squelette ou des peaux de mue de serpent. La nature est notre alliée : tout ce que l'on ressent comme étant porteur de sens pour soi devient un outil adéquat

* Terre, air, feu et eau sont les quatre pouvoirs de base de la sorcellerie et de la pratique magique.

pour son usage magique. On peut avoir envie d'utiliser une baguette de chêne pour une forme de magie et une de noisetier pour une autre. Tout est juste si cela vous parle et que vous le ressentez ainsi. Dans un format rituel, on y ajoutera du sel utilisé pour représenter la terre, la fumée d'encens pour symboliser l'air, la flamme de la bougie pour indiquer le feu et un bol d'eau chargée (mis auparavant dehors une nuit de pleine lune ou simplement après avoir posé nos mains dessus avec l'intention de rendre l'eau sacrée). Tout cela pourra être utilisé pour bénir, consacrer et charger d'autres objets avec les énergies de ces Élémentaires.

Les herbes sont ici fondamentales, et elles sont destinées à une utilisation magique, et non dans un objectif thérapeutique : l'intention est l'utilisation en vue de sortilèges. On préférera utiliser des herbes fraîches, car leurs énergies sont plus puissantes. Mais une fois encore, on fait au mieux sans frustration : pour certaines magies, on mettra les herbes sèches dans un bol posé sur le pentacle* et on les aspergera d'eau chargée pour les éveiller et les revigorer. Nul doute que leur pouvoir pourra alors être présent. Autre solution : on libérera l'énergie des herbes séchées en les saupoudrant dans une flamme de bougie. Si vous coupez vous-même vos plantes, faites-le en conscience, demandez l'autorisation à la plante en lui expliquant ce que vous avez besoin de faire et utilisez si possible un couteau sacré (une bolline). Essayez de ne pas prendre plus que vous n'avez besoin. De mon côté, je m'inspire de ce que j'ai appris chez les Amérindiens et offre à la nature quelque chose en retour. Au Canada, on laissait du tabac, mais il est possible de dessiner seulement

* Le pentacle est une étoile à cinq branches. Ce symbole est très utilisé en magie afin de potentialiser le pouvoir d'un lieu, d'un autel ou d'un rituel.

un symbole sur le sol – un pentagramme de protection par exemple –, ou de déposer une pièce de monnaie, un peu de lait ou quelques graines. Voici l'usage magique de quelques plantes sauvages : la consoude sert à la guérison et à la sécurité lors des voyages, le pin sert à la purification, mais il attire également l'argent et le courage, le pissenlit et surtout le sureau nous mettent en contact avec le monde des esprits... Si vous avez besoin de soutien lors d'un changement de vie, pensez au tilleul, à la bruyère pourpre ou à l'aspérule odorante. Il existe de nombreuses tables de correspondance permettant de s'initier ainsi aux pouvoirs magiques des plantes et il y a aussi de nombreux livres de référence. Je me réfère régulièrement à *Magie verte : connexion sacrée à la nature* d'Ann Moura*, *La Guérison vibratoire* de Deborah Eidson** et *La Magie des plantes* de Sandra Kynes***. J'ai surtout été formée à écouter les messages des plantes, presque d'âme à âme, ainsi qu'à fabriquer moi-même mes spagyries, c'est-à-dire mes préparations alchimiques. L'important étant en effet d'expérimenter, d'accepter les évolutions, les ratés, les conseils, car votre ressenti ne cessera d'évoluer au fil de votre pratique.

L'un des éléments les plus importants pour pratiquer la magie verte, ce sont les phases de la lune. Le premier quartier de la lune croissante est appelé la Jeune Fille : c'est la phase des énergies de croissance et des nouveaux projets, qui attirent les choses promises et les énergies bénéfiques, tout ce qui nous est favorable comme la richesse, un nouveau travail ou l'amour. La pleine lune est appelée la Mère : c'est l'Esbat, la fête la plus célébrée et le moment idéal pour revitaliser sa connexion spirituelle, utile aussi pour les initiations, la guérison, la mise en pouvoir, et

* Danaé Éditions, 2018.

** Guy Trédaniel Éditeur, 2002.

*** Danaé Éditions, 2017.

pour charger ou recharger l'eau et les pierres. Et le dernier quartier de la lune décroissante est appelé l'Aïeule : c'est le moment des purifications, des déblocages et des bannissements, de l'élimination des mauvaises habitudes. La lune noire est ce moment avant la nouvelle lune où l'on ne voit plus du tout l'astre dans le ciel : on parle aussi de face cachée de la déesse ou de lune mystique. On pratique peu de rituels lors de cette période (hormis les rituels sombres), mais on peut y faire de la divination. La lune bleue est la deuxième pleine lune d'un même mois solaire. La lune des fées, laquelle ouvre la porte vers l'autre monde, est la seconde lune noire dans un même mois solaire. Tout cela variera aussi en fonction des signes astrologiques que traverse la lune lors de ces différentes phases. Tout est donc toujours différent et c'est justement ce qui est passionnant. Rien n'est figé dans le monde de la nature, et vous aurez la possibilité de faire de multiples expériences avant de trouver celles qui vous font le plus vibrer et qui vous aideront à développer votre propre pouvoir.

Cette magie des campagnes a quelque chose de plus spontané que la magie cérémonielle : on peut procéder à un baptême dans un ruisseau, à un cercle dans un jardin avec une pierre pour autel et une brassée de branches sèches pour balai. Elle honore avant tout la terre, l'air, l'eau et le feu et s'inscrit aussi dans un mode de vie le plus écologique possible. Elle réintègre le merveilleux dans notre quotidien : elle est forgée d'énergie naturelle, chargée d'amour et projetée avec la totale conviction qu'il en résultera un changement positif. C'est une magie de la foi vivante : elle associe l'emploi des forces de la nature aux pouvoirs de notre esprit et de notre corps. Et lorsque je la pratique, je me sens en phase avec la terre, dans l'intention de créer un futur plus lumineux, pour moi, pour nous comme pour elle. Je l'aime aussi car elle nous donne une attention nouvelle à ce qui est depuis toujours sous nos yeux : la pleine lune qui irradie, la beauté d'une fleur, la caresse du vent. Elle m'ouvre jour après jour les portes d'un quotidien qui ne contient aucune monotonie, elle me permet d'accueillir les cycles de la nature et de les honorer. C'est la magie dans la puissance de sa simplicité, dans la joie de l'abondance de ce qui nous entoure. C'est bien sûr une magie de la campagne, des montagnes et des bois. Mais on peut aussi l'ancrer en ville, et elle nous aide à ouvrir nos yeux sur cette nature bien présente au cœur des villes et qui nous offre son soutien. Les quatre éléments sont là, mais de nombreuses plantes aussi et parfois des animaux. En ouvrant les yeux, on découvre des trésors. Partout. Vous pouvez aussi les lever et vous connecter aux étoiles la nuit. Où que l'on soit, où que je sois, l'univers recèle des merveilles. À nous de les trouver et de nous appuyer sur leur incroyable énergie pour devenir acteur de transformation.

La magie des sigils

Je trouve ça tellement beau que j'en suis fan, mais je préfère être honnête : je débute dans ce domaine. Les sigils sont beaucoup utilisés en magie du chaos, mais pas seulement. Emprunté au latin *sigillum* signifiant « sceau » ou « signature », un sigil est une figure graphique qui représente une intention magique. Cette technique vient des travaux d'Austin Ousmane Spare, un artiste et magicien anglais du XXe siècle (mort en 1956), fondateur de la magie du chaos, même s'il n'en a pas inventé le nom. Selon lui, pour que la magie soit efficace, chacun d'entre nous devrait développer son propre langage symbolique, de façon à passer la barrière entre conscient et inconscient. La construction d'une phrase détaillant l'intention magique, l'élimination des lettres doublons et la recombinaison artistique des lettres restantes afin de constituer le sigil sont les trois étapes à respecter. La première chose ici est donc d'être précis dans ce que l'on veut réellement. Car le sigil va nous permettre d'encapsuler notre désir, de manifester notre volonté pour l'envoyer telle une fusée au sein de notre inconscient.

Le mode d'emploi est assez simple : après vous être concentré et vous trouver dans un léger état modifié de conscience grâce à la respiration ou à une danse sur une musique un peu intense que vous aimez, écrivez une phrase, positive et déterminée : « C'est ma volonté de voir un perroquet dans les quinze jours » (j'ai choisi à dessein une phrase curieuse !).

Enlevez toutes les lettres en double : CESTMAVOLNDIRUPQZJ.

Changez (si vous le souhaitez) l'ordre de ces lettres : AMIPUJOLDZTESCVNR.

Puis, et c'est la partie artistique de l'opération, réunissez toutes ces lettres sur un papier, de la manière qui vous plaît, afin de créer une figure symbolique (on peut graphiquement les tordre ou les déformer) qui représentera le sort sigillaire. On simplifie de plus en plus jusqu'à ce que le sigil soit à la fois simple et agréable à regarder. Vous pouvez trouver sur Internet de multiples exemples de sigils.

Il est aussi possible de faire un mantra personnalisé à partir de votre ensemble de lettres rangées dans un ordre aléatoire.

Revenons à notre exemple : AMIPUJOLDZTESCVNR.

À partir de là, vous pouvez inventer le mantra : « amipujol-stez-vneur » (on peut ajouter ou retirer quelques lettres afin de rendre l'ensemble harmonieux pour son oreille et assez simple à mémoriser).

Si vous travaillez au pendule, n'hésitez pas à tester les effets potentiels de vos premières réalisations afin de savoir si cela est pertinent pour vous de les utiliser ou pas. Un conseil : entraînez-vous d'abord sur des choses qui ne vous tiennent pas à cœur avant de monter en exigence et en inventivité.

La magie sexuelle

« La sexualité, débarrassée de l'idée de péché originel, peut être un moyen d'atteindre le sacré. Ce postulat est très présent dans les milieux occultistes. Ceux-ci ont toujours considéré l'organe sexuel comme ayant un double rôle, celui inférieur de la procréation et celui supérieur par lequel il est un moyen de contact avec l'état divin, explique le politologue Stéphane François. Ce second rôle fait de la sexualité une forme d'initiation. [...] En effet, dans les religions traditionnelles, il existe un lien fort entre la sexualité et le sacré, nous pourrions même dire sur l'aspect sacré du sexe. En Occident, ce lien a été détruit par l'avènement du christianisme, alors qu'il s'exprimait librement dans l'Antiquité gréco-romaine*. »

De nombreuses traditions perçoivent d'ailleurs la sexualité comme une voie permettant d'accéder au divin, qu'il s'agisse du kung-fu sexuel chinois ou les fêtes célébrant le phallus au Japon. En Inde, le tantrisme est en lui-même un courant de l'hindouisme dépassant largement la seule dimension sexuelle, même si les Occidentaux n'ont eu de

* Stéphane François, *Subcultures et magie sexuelle*, sur le site Temps présents, texte du 6 janvier 2011.

cesse de fantasmer à son sujet, espérant que la pratique tantrique pourrait leur permettre d'accéder à une jouissance sans cesse prolongée. En fait, il ne s'agit pas de cela : le tantrisme est une pratique spirituelle basée sur des textes sacrés, les tantras, riches d'enseignements théologiques et métaphysiques. Le corps y est néanmoins considéré comme important, car selon ces textes, c'est grâce à lui qu'il est possible d'atteindre la libération spirituelle. Dans certains courants du tantrisme, l'union sexuelle et l'orgasme sont donc perçus comme des moyens de transcendance, mais en aucun cas de jouissance. La dimension sacrée y est essentielle et ces pratiques sont réservées aux disciples évolués.

« Le yoga pour les ésotéristes peut aussi avoir un aspect sexuel : "C'est ce qui explique les surprenantes connaissances que nous rencontrons dans les sciences hindoues, écrit Alain Daniélou. Les techniques érotiques sont liées aux méthodes de Yoga. Pour chaque forme de Yoga, pour chaque posture, il existe une forme non érotique et une forme érotique. Les formes de Yoga qui utilise l'érotisme à des fins de développement intellectuel et spirituel ou pour acquérir des pouvoirs supranaturels, sont beaucoup plus efficaces que les autres mais peuvent être parfois dangereuses puisqu'elles affectent le centre même de la vie*."** »

Dès la fin du XIXe siècle, la magie sexuelle est apparue (ou s'est formalisée) en s'appuyant sur de tels savoirs orientaux. Concrètement, elle va se diviser en deux grandes tendances, la « magie sexuelle naturelle », et la « magie sexuelle cérémonielle ». La première catégorie, populaire, comprend tous les procédés non conventionnels, y compris le coït, dont les différents peuples ont pu user pour favoriser leur vie : il s'agit de celle dont nous

* « L'érotisme dans la tradition hindoue », *Antaios*, n° 11, 1996.

** Stéphane François, *Subcultures et magie sexuelle*, *op. cit.*

parlons ici. La seconde est plus élitiste et métaphysique : la magie sexuelle est incorporée dans une cérémonie rituelle mystique afin d'accroître ses pouvoirs psychiques, d'élargir sa perception, d'atteindre le divin par le biais d'extase ou d'illumination.

Si elle a pu avoir quelque temps une odeur de soufre, la magie sexuelle est en train de se normaliser à vitesse grand V et j'ai pu constater avec étonnement que l'on trouve des articles à son sujet dans de nombreux journaux jugés sérieux comme *Le Monde* ou bien *Libération*. Comme nous l'avons évoqué, le fait de faire l'amour peut nous connecter à une forme de transcendance et nous ouvrir à des états de conscience jusque-là inexplorés : cela explique probablement que l'on ait souhaité utiliser un tel pouvoir afin de jeter des sorts ou d'en potentialiser d'autres. Par exemple, certains soutiendront que pour potentialiser votre sigil, il faudra soit vous masturber en vous concentrant sur l'image réalisée, soit déposer dessus certaines de vos sécrétions… Ce qui n'est pas vraiment étonnant en soi, car dans le monde de la magie, nous adorons utiliser tout ce qui vient du corps humain, comme les cheveux, les ongles, le sang. Pourquoi pas nos sécrétions sexuelles ?

Au-delà de ce fait, la magie sexuelle est assez simple : elle consiste à se servir de l'énergie sexuelle – et avant tout de l'orgasme – pour produire une manifestation. Cette énergie est intéressante, car elle est vraiment puissante et on peut presque la produire à volonté, que l'on soit seul(e) ou en couple. En effet, inutile d'être deux pour y parvenir et la masturbation fait aussi très bien l'affaire : « Avec la magie sexuelle, vous n'avez qu'à atteindre l'orgasme pour changer votre monde », écrit Damon Brand*. Bien sûr,

* In *Adventures in Sex Magick, Control your life with the power of lust,* 2014. Non traduit en français.

si cela vous amuse (et uniquement à cette condition), vous pouvez l'intégrer à un rituel de votre invention : bain de purification, bougie symbolisant votre intention, musique ou mantra de votre choix… Mais ce n'est pas une obligation. C'est davantage votre concentration qui devra être maintenue, pour ne pas l'oublier au moment de perdre la tête. Même si en fait, c'est très simple… (ce qui explique probablement son succès). Il est possible d'aller plus loin et de se plonger dans certains écrits savants et (très) ésotériques, comme *Magick** d'Aleister Crowley, un mage occulte très connu du siècle dernier qui considérait que le sexe était « le pouvoir magique suprême ».

La seule condition pour faire de la magie sexuelle est d'avoir un (ou plusieurs) orgasmes. Le moyen que vous utilisez pour y parvenir vous regarde. Si vous êtes avec un partenaire, vous pouvez, ou pas, le prévenir de la situation et l'associer à votre intention (même si l'idée d'utiliser quelqu'un pour un projet de magie ne me met tout à fait à l'aise, on ne sait pas non plus comment l'autre personne peut y réagir).

La magie sexuelle ne sert pas uniquement à réaliser des buts sexuels ou amoureux. Elle part juste du principe que l'orgasme est une énergie très puissante, qui nous met dans un état modifié de conscience particulièrement intéressant et que l'on peut donc s'appuyer sur cet état pour donner du pouvoir à nos intentions. Ici comme ailleurs, il ne s'agit donc pas seulement de « s'envoyer en l'air », mais bien d'avoir un objectif clair, de visualiser son objectif lorsque la jouissance arrive à son paroxysme en restant bien concentré dessus. Si l'on craint de ne pas pouvoir conserver sa concentration, il est parfois utile d'écrire son

* Traduit de l'anglais par Philippe Pissier, ESH Éditions, 2013.

objectif noir sur blanc, de créer un tableau de vision ou un sigil qui servira de support pendant l'orgasme.

L'intérêt de cette pratique, c'est qu'elle est simple, pratique, puissante (et plutôt agréable). Ce n'est pas tout : en agissant sur le corps et en particulier sur le premier chakra, c'est une des pratiques magiques les plus ancrées qui soit, ce qui va encore amplifier le pouvoir de la personne qui l'utilise.

La psychomagie

Très différente et tellement inspirante, la psychomagie est une source de créativité fantastique, et je m'y replonge régulièrement. Mise au point par le réalisateur franco-chilien Alejandro Jodorowsky, il s'agit d'actes cathartiques et théâtraux tenant compte de l'histoire et de la spécificité de chacun, destinés à conjurer des traumatismes divers. Et s'il parle de magie, ce n'est pas par hasard, car le rituel et la transformation sont réellement au rendez-vous. L'un des objectifs principaux de l'acte psychomagique consiste à nous sortir de la cage psychique construite par notre famille, notre société et notre culture. Comme il l'explique dans son *Manuel de psychomagie* : « La psychomagie propose de traiter quelque chose au moyen d'actes qui parlent directement à l'inconscient. J'utilise toute la tradition chamanique des sorciers et des guérisseurs que j'ai connus au Mexique, mais sans superstition. Un acte psychomagique c'est comme donner un coup de pied affectueux au cul de la réalité. Cet élan que tu lui donnes, surprenant, la fait sortir de l'inertie, elle se met alors à danser*. » En

* Alejandro Jodorowsky, *Manuel de psychomagie – Vers le chemin de la guérison*, traduit de l'espagnol par Nelly et Alex Lhermillier, Albin Michel, 2009.

travaillant sur nos empreintes mémorielles, en nous libérant de constructions mentales prisonnières du passé, la psychomagie se propose de guérir les troubles de l'âme grâce à des actions aussi surprenantes que radicales, car, selon lui, « Lorsque émerge une pulsion de l'inconscient, nous ne pouvons nous en libérer qu'en la réalisant* ». Il s'agit de faire exactement l'inverse de ce qui est proposé en psychanalyse : plutôt que d'apprendre à l'inconscient à parler le langage rationnel, on apprend à la raison à utiliser le langage de l'inconscient. D'autant que ce dernier privilégie la réalisation symbolique, métaphorique. Par exemple, si l'on souhaite éliminer sa petite sœur, parce que celle-ci a été préférée par les parents, Jodorowsky peut conseiller de coller une photographie de celle-ci sur un melon, puis d'écraser le melon à coups de marteau. L'inconscient peut alors considérer que le crime est réalisé. Et la personne se sentir libérée : « L'acte psychomagique doit être transformateur : la souffrance donne naissance à une fin aimable**. »

Je pense que c'est le cas pour tout acte de magie : la fin doit être transformatrice et lumineuse. Sinon, c'est qu'il faut recommencer, et remettre cent fois l'ouvrage sur le métier. À votre tour d'expérimenter.

* *Ibid.*

** *Ibid.*

CHAPITRE 10

VOS MAGIES

« Aie confiance, ne te contente pas de pratiquer ton art,
mais fraie-toi un chemin dans ses secrets,
ils le méritent bien. Car seuls l'art et le savoir
peuvent élever l'homme jusqu'au divin. »

Ludwig van Beethoven

Le monde de la magie est infini. J'ai partagé avec vous les principales sources qui m'ont fait vibrer. Mais je ne cesse de rencontrer de nouvelles personnes, de faire des stages, de multiplier les apprentissages et les lectures à ce sujet. Mettez-vous en route à votre manière. Entre la haute magie, l'astrologie magique, la philosophie occulte, le paganisme… vous aurez l'embarras du choix. Même s'il existe quelques fondamentaux à visiter avant de démarrer.

Pour commencer, avant même de lire ou de vous lancer dans quoi que ce soit, rappelez-vous que le premier outil de magie s'appelle le livre des ombres. Incontournable, il s'agit d'un cahier qui rassemble l'ensemble des savoirs ésotériques d'une sorcière, c'est un peu son guide personnel d'exploration de ce monde mystérieux, guide qu'elle remplira au fur et à mesure de son cheminement. Vous serez amenée à noter dessus tout ce qui vous interroge, vous interpelle ou ce que vous ne voulez surtout pas oublier. Il n'a pas obligation à être beau, mais il se doit d'être fonctionnel. Une fois que vous l'avez choisi, purifiez-le avec les quatre éléments et dédiez-le à votre pratique : il n'existe pas de sorcière sans livre des ombres !

Ensuite vous pourrez commencer à vous mettre au travail et à vous entraîner (idéalement, tous les jours) de multiples manières. Les facultés que vous allez solliciter ont besoin d'être développées et maîtrisées si vous espérez sincèrement obtenir des résultats concrets. Comme le répète Arnaud Thuly : « Ce n'est pas parce que nous sommes dans le domaine de l'intangible que rien de ce que nous faisons n'est sans risque ni sans conséquence* ! » La pratique magique est un outil d'épanouissement formidable, à condition d'être correctement réalisée. Les premiers pas consistent avant tout à travailler sur soi et même à prendre soin de soi : « Avant de pratiquer la magie et d'invoquer toutes les puissances de l'univers, avant de manipuler la réalité pour votre propre bénéfice, avant tout ce bazar, vous devez apprendre à vous détendre** ! » Si l'on veut trop en faire, si l'on veut tout maîtriser, si l'on est stressé(e) ou pressé(e), toute cette énergie chaotique risque de parasiter votre action. D'où l'importance de prendre soin de soi : alimentation, sommeil, exercices physiques. Il est essentiel de tourner le dos à l'alcool, au tabac, aux drogues. Même si certaines de ces substances sont parfois utilisées en rituel, cela l'est dans un contexte très spécifique qui demande de longs apprentissages et non dans le cadre d'une addiction dont on est prisonnier. Il est très difficile de débuter en magie si notre corps est plein de tensions, de toxines et de peurs. Une pratique

* *La Voie du mage, op. cit.*

** Andrieh Vitimus, *La Chaos Magick Pratique – Manipulation de la réalité au travers du courant d'Ovayki,* Chronos Arenam, 2018.

saine nécessite équilibre et harmonie entre le corps et l'esprit. Un travail sur soi et en particulier sur son ego est également bienvenu, car il permet de faire la distinction entre nos aspirations profondes et nos besoins de reconnaissance et de pouvoir égotique. L'orgueil spirituel consiste à utiliser des connaissances et des savoirs sacrés ou ésotériques afin d'assouvir nos besoins névrotiques. Plus on pose et on exprime les choses, mieux on est entouré par des personnes qui nous aiment sincèrement, moins le risque de déraper et de se prendre pour ce que l'on n'est pas – c'est-à-dire tout-puissant – est important.

Pratiquer la magie, cela consiste à mettre en action des énergies par la puissance de son psychisme et par sa volonté dans le cadre d'un rituel et dans le but de réaliser un objectif. Tout ce travail sur le psychisme est essentiel : « On imagine très souvent lorsqu'on aborde le thème de la magie, que cela se résume à faire appel à diverses entités et à manipuler certaines énergies pour parvenir à la réalisation de ses objectifs, prévient le mage Arnaud Thuly. Cela n'est pas faux, mais l'on oublie un peu vite que pour parvenir à réaliser ça correctement, il s'avère nécessaire de posséder une parfaite maîtrise de son esprit et de ses facultés intellectuelles afin de ne pas se laisser perturber par tout ce qui peut se passer pendant l'action magique et d'être en mesure d'analyser au mieux la situation*. » Et le mage de demander alors à ses apprentis de réviser leurs tables de multiplication, histoire de faire travailler son esprit et de lui apprendre un maximum d'automatismes ! La mémoire est en effet primordiale dans le cadre de ces pratiques. Croyez-en mon expérience : il existe des rituels avec un langage vraiment ésotérique, sans compter qu'il est difficile de lire lorsqu'il fait sombre (avec la flamme des

* Arnaud Thuly, *La Voie du mage*, *op. cit.*

bougies pour seul éclairage !) et, dans mon cas, avec un début de presbytie ! D'où l'importance de tout apprendre par cœur et de pratiquer avec régularité, afin d'éviter de se trouver déstabilisé.

Comme déjà évoqué, je pratique le yoga de la kundalini. Je ne suggère pas à tout le monde d'en faire autant pour développer son pouvoir physique et énergétique, mais je vous invite à trouver la discipline qui vous aidera à vous déployer. Il peut s'agir d'autres formes de yoga, de tai-chi, de qi gong, d'arts martiaux… Elles nous aident à prendre conscience de la globalité de notre corps et nous ancre dans celui-ci, tout en renforçant notre sentiment intérieur de sécurité. Autant de préalables bienvenus à la magie. Ce n'est qu'alors qu'il devient possible d'aller plus loin et de commencer à véritablement s'entraîner à des pratiques de magicien ! Travail sur la visualisation créatrice afin de savoir donner vie à une pensée, sur le ressenti des diverses variétés d'énergie qui nous entourent et leurs subtilités, travail sur le développement des sens et sur l'accroissement de nos réserves énergétiques… L'objectif est de maîtriser parfaitement les facultés sensorielles et mentales, en particulier celle de la concentration, afin d'en garder la pleine puissance quelles que soient les situations. Oui, contrairement aux croyances, rien ne tombe du ciel dans ce domaine, et l'on peut être doué, intuitif et se retrouver vite limité si l'on ne s'engage pas dans un entraînement régulier destiné à préserver et élever son niveau vibratoire et sa puissance énergétique. Vous pouvez aussi suivre certains enseignements d'astrologie, de tarot, de tambour chamanique (il semble qu'en ce moment nous ayons l'embarras du choix). Pour ma part, je n'arrête pas de me perfectionner.

Une fois le corps ainsi en harmonie (ou du moins une fois que vous avez conscience de l'importance de travailler sur sa mise en équilibre à lui aussi), lancez-vous dans les quelques exercices que je vous propose ci-après, des « basiques » que j'aime retrouver et qu'il peut vous intéresser d'expérimenter. Je les ai sélectionnés car ils sont sans danger et peuvent vous donner l'occasion de passer enfin à l'action. Vous serez peut-être surpris par leur simplicité. Ne vous trompez pas : pour être efficace, ce n'est pas le rituel qui doit être compliqué, c'est votre niveau de conscience qui doit être élevé !

Et si vous preniez une bonne douche ? Non, ce n'est pas une blague. Avant un rituel ou même un travail magique, le nettoyage par l'eau est souverain. Je conseille également de remplir un gant de toilette de gros sel et de le passer sur l'ensemble du corps, afin d'éliminer soucis et négativité. Respirez profondément alors que l'eau coule sur vous. Choisissez ensuite avec soin des vêtements propres et restez concentré(e). Il s'agit d'une bonne mise en condition pour pratiquer ensuite la magie de son choix. Par exemple, l'un des exercices ci-dessous.

« Je peux. » Je ne sais pas si la magie a influencé Barack Obama, mais elle n'est pas sans évoquer le célèbre « *Yes we can* ». Cette fois, il est juste demandé pendant toute une semaine de dire toutes les vingt minutes, « Je peux ». Cet exercice destiné à augmenter le ressenti de son propre pouvoir est extrêmement puissant (et assez contraignant !).

Le pentagramme ou « l'étoile flamboyante ». Ce rituel, que j'apprécie beaucoup, mobilise les énergies du nombre cinq (*penta* en grec) : il s'agit de forces, qui relèvent de l'aspect divin ayant maîtrisé la matière. Son tracé le montre bien : la tête de l'être humain est la pointe supérieure, les deux bras étendus sont les pointes latérales de la figure, et ses pieds écartés sont représentés par les deux pointes inférieures. Lors de la cérémonie, on tracera dans l'air le pentagramme

devant soi, en suivant les quatre coins cardinaux, afin de symboliser les quatre éléments. On utilise le pentagramme pour purifier (voire exorciser) des lieux. On dit aussi que son usage quotidien pendant un an permet de purifier, domaine par domaine, notre karma passé et présent.
Il est aussi un moyen très efficace de se purifier soi-même de toute énergie négative résiduelle, sans compter qu'il élève la vibration personnelle un peu plus à chaque fois.

1. Dirigez-vous à l'est et restez tourné dans cette direction.
2. Faites le signe de croix kabbalistique (voir ci-dessous comment procéder).

La croix kabbalistique est un sous-rituel qui se déroule de la façon suivante :
– Levez la main droite à cinq centimètres au-dessus de votre tête et visualisez une sphère de pure lumière blanche qui se tient à cet endroit.
– Attirez sur vous cette lumière blanche en ramenant votre main sur le front.
– Quand vous touchez votre front, prononcez le mot *Ateh* en faisant vibrer votre voix.
– Ramenez votre main à votre sternum. Imaginez que le trait de lumière blanche pénètre jusqu'au centre de votre corps et descends jusqu'au sol.
– Faites vibrer le mot *Malkuth.*
– Touchez votre épaule droite. Visualisez une deuxième sphère de lumière blanche à cet endroit.
– Faites vibrer *Ve Geburah*.
– Ramenez votre main à votre épaule gauche. Visualisez une troisième sphère blanche à votre épaule gauche.
– Faites vibrer *Ve Gedulah*.
– Puis joignez vos mains en forme de coupe au niveau de votre poitrine. Visualisez une petite flamme, comme la flamme d'une bougie, entre vos mains jointes.
– Prononcez en faisant vibrer votre voix : *Le Olam.*
– Faites vibrer *Amen (Ah-Men).*

3. Tracez un pentagramme (une étoile à cinq branches) dans l'espace juste devant vous en utilisant votre index et votre majeur accolés. Il arrive que l'on utilise une épée, un athamé (un couteau magique au manche en bois noir) ou une baguette pour faire ce rite. Mais la majorité des auteurs conseillent d'utiliser l'index et le majeur de la main dominante (généralement droite pour les droitiers, gauche pour les gauchers), le pouce posé sur l'annulaire et l'auriculaire (qui eux sont repliés dans la paume). Visualisez les lignes tracées par un feu bleu, exactement comme la flamme obtenue en brûlant de l'alcool dénaturé.
4. Poignardez le pentagramme de vos deux doigts, comme si vous le transperciez symboliquement en son centre.
5. Faites vibrer *YHVH* (Yoh-Heh-Vav-Heh), en imaginant le son qui s'échappe de vous et rejoint l'infini.
6. Tournez-vous dans la direction du sud, dans le sens des aiguilles d'une montre, le bras toujours tendu.
7. Tracez un deuxième pentagramme. Poignardez-le et faites vibrer *Adonaï.*
8. Tournez-vous face à l'ouest, toujours en suivant le sens des aiguilles d'une montre. Imaginez que vous continuez de tracer le cercle de feu.
9. Tracez un troisième pentagramme. Poignardez-le et faites vibrer *Eheieh.*
10. Tournez-vous dans la direction du nord.
11. Tracez un quatrième pentagramme. Poignardez-le et faites vibrer *Agla* (contraction de la formule Atoh Gebor Leyolam Adonaï).
12. Vous retournez à l'est et vous complétez votre cercle imaginaire en amenant vos deux doigts au centre du premier pentagramme.
13. Vous ouvrez les bras face à l'est. Vous avez maintenant les bras en croix.
14. Faites vibrer *Devant moi Raphaël* (en visualisant l'archange).

15. Faites vibrer *Derrière moi Gabriel* (en visualisant l'archange).
16. Faites vibrer *À ma main droite Mikhael* (en visualisant l'archange).
17. Faites vibrer *À ma main gauche Uriel* (en visualisant l'archange).
18. Faites vibrer *Autour de moi flamboient les pentagrammes ; au-dessus de moi brille l'étoile aux six rayons* en visualisant un hexagramme.
19. Répétez le rituel cabalistique de la croix (*voir p. 164*).

J'ai bien conscience que, lu ainsi, ce rituel peut sembler complexe. Entraînez-vous en vous amusant (ce n'est pas parce que c'est puissant qu'il est interdit de le faire avec le sourire). Si vous le répétez pendant quarante jours, vous constaterez que cela change déjà le niveau énergétique de votre vie.

Le bain d'herbes pour se connecter à la nature. Hachez des fleurs de camomille, bruyère, lavande, mélisse, rose, soucis, pensées avec du romarin, de la menthe, de la sarriette, des clous de girofle et du houblon (si vous ne trouvez pas tous les ingrédients, ce n'est pas grave). Mettez-en trois cuillerées à soupe dans un sac en toile fermant avec un cordon (vous pouvez ajouter du gros sel gris non raffiné s'il s'agit d'un bain de purification). Placez le sac dans la baignoire pendant que vous la remplissez d'eau chaude. Une fois dans le bain, concentrez-vous sur votre respiration : inspirez la puissance des plantes et expirez tous vos soucis et tracas. Vous pouvez ensuite passer doucement le sac d'herbes et de fleurs sur l'ensemble de votre corps dans une intention de vous connecter à la puissance de la nature, donc à votre puissance. Fermez les yeux. Ressentez comme si vous vous fondiez au cœur de cette nature.

Le thé de la divination. Cette recette est proposée par Ann Moura dans son livre *Magie verte.* Pour faire cette potion qui aide l'esprit à se concentrer sur le travail magique en train de commencer, mettez dans une théière d'un litre environ une cuillerée à café de chacune des herbes suivantes : armoise, mélisse officinale, boutons de rose et du thé noir de bonne qualité en disant :

– *J'en appelle à toi, armoise, pour m'aider dans mes divinations ;*

– *J'en appelle à toi, mélisse, pour m'apporter le succès dans mes divinations ;*

– *J'en appelle à toi, bouton de rose, pour aider mon pouvoir psychique dans mes divinations ;*

– *J'en appelle à toi, thé noir, pour renforcer le pouvoir de cette potion.*

N. B. : on peut ajouter de l'euphraise pour voir au-delà des apparences. Le mode opératoire reste identique.

Buvez presque tout le thé sans l'avoir filtré en laissant un résidu au fond de votre tasse. Faites-le tourner trois fois dans le sens des aiguilles d'une montre et regardez les symboles formés avec ce qui reste : l'anse de la tasse est le point de départ de la lecture, les événements se succédant dans la tasse dans le sens horaire. Il faut être concentré et se laisser toucher par ce qui se passe... Se poser la question : est-ce que cela me parle ou pas ? Parfois la lecture se fait, parfois pas. Le thé vous aura de toute façon servi à vous relaxer et à vous mettre dans un état singulier destiné au travail de sortilège.

Les sortilèges de bougie. Ici, comme partout en magie, le choix d'une couleur spécifique fera une première différence, et vous permettra d'orienter l'énergie selon vos espérances :

– la bougie **argentée** (reliée à la lune) neutralise les influences néfastes et renforce votre prière ;

– la bougie **blanche** symbolise la lumière divine, on l'utilise pour accroître ses pouvoirs psychiques et ses dons de clairvoyance ;

– la bougie **bleu roi** aide à la résolution des procès et des problèmes administratifs ;
– la bougie **brune** représente ce qui est matériel et lié à la terre, elle favorise donc la prospérité, permet de retrouver les objets perdus et protège les animaux domestiques ;
– la bougie **jaune** booste la confiance en soi, le rayonnement personnel et favorise la chance, l'inspiration et l'éveil de talents cachés ;
– la bougie **noire** éloigne le mauvais œil, les échecs et la malchance, et bannit les esprits néfastes et malins ;
– la bougie **or** (reliée au soleil) attire la gloire, la réussite, la richesse ;
– la bougie **orange** stimule l'amitié, la popularité, l'enthousiasme, la bonne fortune ;
– la bougie **rose vif** soutient l'énergie de sensualité et d'érotisme ;
– la bougie **rose clair** représente le logement, la famille, le bonheur conjugal, la douceur de vivre ;
– la bougie **rouge** est de (quasi) tous les rituels d'amour et de fertilité, elle accroît aussi le courage et la volonté ;
– la bougie **verte** bloque la jalousie, annule les effets de l'envie et est utilisée pour la réussite financière ;
– la bougie **violette** accroît le pouvoir personnel, stoppe les mensonges et favorise la guérison (ce qui est aussi le cas de la bougie **bleu clair**).

On pourra également oindre la bougie avec une huile dans laquelle certaines plantes auront macéré (vous les choisirez en fonction de leurs vertus magiques en suivant les indications des références des trois livres données p. 146). Et lors d'une cérémonie, chacun pourra graver sa bougie avec l'athamé en utilisant ses propres créations, ses sigils, des runes ou l'écriture oghamique*, les symboles utilisés devenant le point focal de la magie réalisée :

* Cet alphabet antique, probablement irlandais primitif, fait penser à une variante des runes germaniques.

- Feho pour la chance et la richesse,
- Sigel pour la victoire et la puissance,
- Wynn pour le bonheur et l'harmonie.

Lorsque le symbole aura fondu avec la cire, le sortilège pourra agir : « Voyez le pouvoir pénétrer dans la bougie quand vous l'enduisez d'huile, voyez l'effet se produire en la gravant, et à la fin du sortilège, vous visualiserez l'effet comme s'il était réalisé », insiste Ann Moura*.

Et si vous confectionniez vos bougies ?

C'est super simple et vous pourrez leur donner encore davantage de pouvoir en vous concentrant sur votre besoin tout au long de leur fabrication.

Les ingrédients pour une petite bougie végane :
140 grammes de cire de soja en paillettes,
25 gouttes d'huiles essentielles,
1 mèche en bois ou en coton avec son support,
1 pot en verre de 20 cl,
1 cuillerée à café d'épices (ou de thé matcha, de cannelle en poudre ou de cacao par exemple).

Faites fondre la cire végétale au bain-marie en mélangeant avec une cuillère en bois. Badigeonnez la mèche de cire fondue, puis plongez son support dans la cire avant de le coller au milieu du récipient en verre. Vous pouvez alors, si vous le souhaitez, ajouter un peu d'huile végétale dans la cire fondue, puis l'huile essentielle et la poudre végétale. Lorsque votre mélange est homogène, versez-le dans le récipient en verre. Puis lavez vos ustensiles à l'eau très chaude. Laissez refroidir quelques heures avant utilisation.

* *Magie verte*, *op. cit.*

Le plus important, encore et toujours, est d'y croire, de concentrer toute sa puissance et son pouvoir sur la conviction que l'on peut agir sur l'énergie, la concentrer et la diriger dans la direction de ses projets. Toute la question est de choisir ces derniers avec discernement.

CHAPITRE 11

TOUT EST POLITIQUE

« Si l'humanité doit évoluer, cette évolution se fera dans le sacré, dans une conscience que la vie est magique, belle, enchanteresse, que la nature est un don, la manifestation d'un principe qui nous dépasse. »*

Pierre Rabhi

Puis-je mettre ce pouvoir qui ne cesse de se développer au service de ma colère ? Ma magie au service d'une transformation sociale ? Dois-je le faire ? Ma conviction est que oui, que notre magie doit être un outil de plus au service d'une évolution collective. Et non exclusivement destiné à nourrir notre individualité.

Il n'y a pas de doute, chacun est légitime dans son attente de partager l'amour, d'incarner la santé et l'abondance (et de nombreux rituels de magie sont donc centrés sur un tel projet). Mais notre vie et nos envies ne peuvent pas s'arrêter à cela. Disons que c'est un (bon) commencement, mais ensuite ? Une fois que vous (vous) aimez, que vous vous sentez aimé, en sécurité, mieux dans votre corps et dans votre vie… que se passe-t-il ? Chacun(e)

* Préface à l'ouvrage de Michel Maxime Egger, *La Terre comme soi-même – Repères pour une écospiritualité*, Labor et Fides, 2012.

chez soi, satisfait(e) et bien repu(e), à tricoter ou faire du crochet ?! Je ne crois pas. C'est tout mon propos ici. Notre pouvoir du dedans se doit d'être au service de notre puissance. Nos cercles et notre sororité, en nous aidant à nous reconnecter les uns aux autres, se mettent au service d'un projet plus grand que nous, pour une transformation du réel. Cela s'appelle de la politique.

Je sais combien le mot est encore tabou. Je le regrette d'ailleurs. Est politique tout ce qui se joue au cœur des cités et au cœur de nos vies. La domination masculine est politique, l'abus de pouvoir est politique, la violence sexuelle est politique. La société de consommation est politique : si vous achetez de la viande ou du tofu, c'est politique ; si vous mangez bio ou chimique, c'est politique ; si vous partez en vacances en club ou faites du woofing*, c'est politique. Tous nos actes sont politiques, ils impactent le monde d'aujourd'hui et façonnent celui de demain. Qu'on l'accepte ou non, qu'on décide d'en assumer la responsabilité ou pas, n'y change rien. C'est pour ça que j'aime les Américains avec leur côté pragmatique. Ils ont bien compris que les rituels, si étranges qu'ils puissent être pour un béotien, peuvent changer les choses : on peut trouver sur Instagram des rituels de magie destinés à faire pencher la balance d'un côté : rituels contre une centrale nucléaire (elle ne démarrera d'ailleurs jamais…) ; contre Trump ou pour soutenir le mouvement #BlackLivesMatter.

Des rituels pour changer le monde

Pour le philosophe Cornélius Castoriadis, l'agir démocratique peut être perçu comme la création de « significations

* Il s'agit de travailler dans des fermes bio en échange de son hébergement.

imaginaires sociales », donc comme un travail collectif d'élaboration de valeurs et de projets (voire d'aspirations) communs : dans ce cadre-là justement, le rituel peut se déployer et prendre un sens nouveau. Car celui-ci sert justement à mettre en mouvement cet imaginaire collectif, à le transformer éventuellement et à ouvrir alors à la création dans toutes ses dimensions, singulières ou plurielles : il semble donc tout à fait légitime d'en admettre le caractère profondément démocratique et politique. Par ces pratiques originales, des modalités de vivre-ensemble sont inventées, des solutions innovantes à des problématiques sociétales proposées, des lignes directrices imaginées engendrant de nouvelles perspectives, de nouveaux possibles comme autant d'alternatives au capitalisme et au patriarcat. Tout cela n'est-il pas finalement bien plus politique que de mettre un bulletin de vote dans une urne ?

En France, la laïcité s'applique avec une forme de raideur : bien sûr, il est plutôt sain de considérer que la sphère publique doit être préservée de toute appartenance métaphysique, morale ou religieuse. Mais ne pouvons-nous pas imaginer un espace collectif ouvert à une pluralité de visions du monde en gardant l'idée d'une relative neutralité de l'État, au sens où celui-ci n'endosserait pas l'une de ces perceptions du monde de manière dogmatique ? Nous devons être lucides : la neutralité absolue n'existe pas dans le domaine de la morale, et l'État traite régulièrement de ces questions, fût-ce implicitement. Comment peut-on intégrer ce qui est autre, ce qui est différent tout en conservant les acquis de l'ère moderne, comme l'humanisme et les droits de l'homme ? Comment faire reliance sur différents plans, c'est-à-dire comment recréer du lien social, relier ce qui a été morcelé, comment redonner sa juste place à l'interconnexion, la communauté, le savoir partagé ?

Face à une crise, dans une période de ruptures telle que nous la vivons, il existe un certain nombre de scénarios possibles. Le choix est nécessairement complexe alors qu'on (les médias, les politiques, le discours ambiant…) cherche à nous faire croire qu'il est évident, singulier, rationnel. Il est tout le contraire : multiple, stratégique, mouvant. Un choix juste nécessite un double engagement : éthique et politique : « Éthique pour définir "ce qui compte", ce qui a de la valeur. Dès lors, il sera possible, au regard de ces normes, de classer les scénarios, d'en exclure certains et d'en privilégier d'autres. Et c'est par ce classement que s'opère l'engagement politique qui offrira plus de pouvoir, plus de voix, plus d'importance à certains points de vue, certaines dimensions (économique, politique, etc.) plutôt que d'autres. La connaissance complexe remet en cause cette façon de faire passer des choix éthiques et politiques pour des vérités scientifiques*. »

Elle démontre l'étendue des scénarios possibles. En affirmant que toute décision est un pari, on peut alors souligner la dimension incertaine propre à celle-ci. Et donc ouvrir le champ des possibles pour sortir d'une pensée linéaire et confortable. D'une pensée qui s'inspire du passé pour inventer demain. Ces temps-là ne sont plus. Face à l'inédit, on peut (ou il faut ?) oser inventer et s'inventer. La magie peut participer à ce renouvellement des possibles. Cela implique néanmoins de sortir d'une perception hyperrationnelle et formatée. D'oser sortir du cadre et parfois de désobéir. D'oser penser en roue libre. Tout ce que les classes dirigeantes ne veulent surtout pas

* « La complexité, une bonne excuse pour ne pas agir ? » article d'Ousama Bouiss, doctorant en stratégie et théorie des organisations, paru sur le site d'actualité The Conversation le 25 mai 2020.

que l'on fasse aujourd'hui. En osant affirmer que tout est politique, on sort justement la vie politique de son pré carré et on se l'approprie. On en prend la responsabilité. En tant qu'humain. En tant que citoyen. Histoire d'inventer demain.

Et parce que la conscience s'appuie sur la connaissance, tout cela est un vrai (et long) chemin. D'apprentissage, de culture, de remises en question. J'adore apprendre, je suis passionnée d'histoire, de psychologie sociale, de philosophie. Les ressources sont nombreuses, comme la chaîne de télévision Arte, certaines émissions de Radio France, des lectures, des podcasts… C'est au fil du temps que ma pensée évolue et se construit, au fil des expériences aussi. Ma conception de la politique a beaucoup évolué lors du mouvement citoyen #MaVoix, que j'évoque régulièrement. Ce que j'ai appris et qui m'a changé la vie, c'est la transformation d'une pensée élitiste (que mon milieu avait plus ou moins l'illusion de détenir) en une pensée plus ouverte, différente et riche. J'y ai appris à laisser sa place à l'autre, à l'écouter et à prendre conscience de tout ce qu'il pouvait m'apporter. J'y ai appris des modes d'organisation plus horizontaux, avec leurs limites également. Dans tous les cas, c'était passionnant. C'est aussi à cette époque que j'ai rencontré Isabelle Attard, qui était alors députée écologiste et qui écrira quelques années plus tard un livre qui ne manquera pas de m'interpeller : *Comment je suis devenue anarchiste*. Celui-ci fera résonance à une série de documentaires d'Arte sur l'histoire de l'anarchie* qui m'avait marquée et à de nombreuses conversations avec des proches. Avec au final une question qui me tourne dans la tête : moi aussi, suis-je en train de devenir anarchiste ?

* *Ni Dieu ni maître, une histoire de l'anarchisme*, de Tancrède Ramonet, 2016. On peut également écouter *Une histoire des anarchies* en podcast sur France Culture.

Le retour de l'anarchie ?

Comme beaucoup de monde et comme ex-écolière qui avait bien appris ses leçons, je croyais que l'anarchisme était une doctrine prônant le désordre et le chaos. Cette conception négative de l'anarchie a une histoire, et ce n'est pas un hasard si elle apparaît en même temps que la naissance de l'État moderne qui cherche à la discréditer, étant lui-même basé sur une perception pyramidale du pouvoir. Alors que cette vision du monde promeut surtout la coopération, l'émancipation et le respect des êtres et du vivant. Isabelle Attard nous invite d'ailleurs à revenir à la racine du mot qui signifie « l'ordre sans le pouvoir » pour prendre conscience que l'anarchie n'était peut-être pas ce que l'on a voulu nous faire croire et qu'elle nous propose plutôt une piste de démocratie participative intéressante pour aujourd'hui (et pour demain). En faisant des recherches, j'ai découvert un mouvement de la fin du XIXe siècle : l'anarcha-féminisme (ou féminisme libertaire). Une réflexion particulièrement moderne sur le rôle des femmes, en particulier opposée aux conceptions traditionnelles de la famille, de l'éducation et des rapports de genre, critiquant en particulier avec intensité l'institution du mariage. L'écrivaine et théoricienne anarchiste L. Susan Brown l'exprime ainsi : « Puisque l'anarchisme est une philosophie politique opposée à toute relation de pouvoir, il est intrinsèquement féministe*. » L'épigraphe de *La Voz de la Mujer* (La Voix de la femme), première publication anarcho-féministe au monde qui sortira neuf numéros entre 1897 et 1897, résume cela très bien : *Ni dios, ni patron, ni marido* (Ni dieu, ni patron, ni mari).

* *The Politics of Individualism – Liberalism, Liberal Feminism and Anarchism*, 1993. Non traduit en français.

Qui n'est pas sans faire penser au « Ni prêtre ni mari » des béguines.

Les anarcho-féministes ont d'ailleurs critiqué certains théoriciens anarchistes traditionnels parmi les plus connus, comme Proudhon ou Bakounine, « pour avoir minoré le problème du patriarcat, considéré comme une simple conséquence du capitalisme, ou pour l'avoir soutenu. Proudhon, par exemple, percevait la famille* comme une société sous sa forme première, où les femmes devaient conserver leur rôle traditionnel** ». Emma Goldman, une intellectuelle anarchiste d'origine russe de la première moitié du xxe siècle, semble lui répondre en écrivant : « Le mariage est avant tout un arrangement économique [...] la femme le paye de son nom, de sa vie privée, de son estime de soi et même de sa vie***. »

Je suis particulièrement touchée lorsque je découvre la vie de ces femmes, leur modernité, leur singularité et le prix qu'elles ont dû payer pour leurs engagements. Tous ces mouvements (s'ils ne sont peut-être pas à prendre entièrement pour argent comptant) ont été porteurs de grandes réflexions, que ce soit dans l'éducation, le contrôle des naissances, la formation populaire et l'écologie (Emma Goldman, par exemple, publia une revue appelée *Mother Earth* en 1906...). Je suis également étonnée de notre

* Notez que la remise en cause de la famille n'est pas partagée par toutes les féministes aujourd'hui. L'intellectuelle noire bell hooks rappelle que « la dévalorisation de la vie familiale dans les discours féministes reflète la nature de classe du mouvement. [...] Les personnes issues des classes privilégiées comptent sur les structures sociales et institutionnelles pour affirmer et défendre leurs intérêts. [...] La femme bourgeoise peut répudier la famille sans craindre que cela l'empêche de vivre des relations sociales et de connaître assistance et protection ». (*De la marge au centre – Théorie féministe,* traduit de l'anglais par Noomi B. Grüsig, Cambourakis, 2017). Je trouve cette distinction et cet autre regard particulièrement enrichissant.

** Source Wikipédia (entrée : l'anarcho-féminisme).

*** *La Tragédie de l'émancipation féminine*, suivi de *Du mariage et de l'amour*, éditions Syros, 1978.

manque de culture politique, car, lorsqu'on se penche sur ces vies, on voit à quel point nos problématiques et nos questionnements d'aujourd'hui résonnent avec les leurs. Des éco-lieux ont déjà été fondés il y a plus d'un siècle, des écoles différentes ont déjà existé, des aspirations à une transformation plus radicale ont déjà été concrétisées. Peut-être qu'en se penchant un peu plus sur de telles expériences pourrions-nous simplement gagner du temps, nous enrichir de leurs singularités, même si le contexte est radicalement différent.

Je ne suis donc pas en train de dire que je suis anarchiste – en fait, je n'en sais rien, je n'aime pas vraiment les étiquettes –, en revanche, je me dis qu'il serait bon de puiser davantage à cette source, que ce soit en tant que femme ou personne intéressée par l'émancipation féminine, ou en utilisant la réflexion actuelle sur les nouvelles formes de management mais aussi de démocratie afin de sortir d'une organisation sociale pyramidale, verticale et de réfléchir à un meilleur partage des pouvoirs.

Apprendre, penser, agir

Se cultiver constitue aujourd'hui une autre forme de travail à plein temps ! Cela nous évite en tout cas de croire naïvement ce que l'on nous raconte. Pourtant, après ce travail de bibliothécaire, viendra impérativement celui de l'engagement. À votre manière.

Dans le cadre de l'école de naturopathie que je dirige, les élèves doivent faire un stage « humanitaire ». L'idée est de donner (un peu) de son temps à l'association de son choix, ici ou ailleurs, en une fois ou en plusieurs. Il existe de multiples possibilités et je n'ai pas à m'en mêler : les élèves peuvent choisir de s'engager au niveau social, environnemental, dans des associations animales, etc. C'est à elles et eux de trouver ce qui leur plaît. Et la pluralité des expériences me réjouit (elles et eux aussi, je crois). Apprendre à donner n'est pas si courant. Il m'a semblé important de dépasser la barrière de l'échange marchand entre le thérapeute et son client, et de s'offrir autre chose, une autre expérience.

Vous aussi, je vous invite à réfléchir à cette proposition : le monde a besoin de nous tous. Pour changer, se transformer. Je n'ai pas à décider si c'est de telle ou telle manière. C'est tous ensemble que nous devons initier ces lendemains qui dansent et chantent et s'inventent. La seule question à se poser est : comment puis-je y contribuer ? Il ne s'agit pas d'augmenter encore davantage notre charge mentale. Ce que l'on offre doit être respectueux de nous-même aussi. Mais il s'agit d'apprendre à donner. Vraiment. De plus en plus. D'apprendre à écouter et d'apprendre à s'engager. Même un peu. L'engagement politique chez moi est inné. Je viens d'une famille où c'était fondamental. Depuis toute petite, j'ai distribué des milliers de tracs, battu mille fois le pavé. Je continue. J'ai participé au moment des élections législatives à un mouvement citoyen passionnant, #MaVoix. J'étais candidate aux élections municipales sur une liste écologiste*. Pour moi, tout ça n'est pas assez, même si c'est déjà mieux que rien. Pour moi, le monde est suffisamment en mauvais état pour justifier de notre volonté d'agir, de notre présence à la table des décisions. Je vois avec enthousiasme la manière donc la politique et la citoyenneté se réinventent. Je constate avec satisfaction que les jeunes sont prêts à faire de moins en moins de concessions. Je pense que c'est juste. Ensuite, à chacun de s'engager comme il lui plaît.

* Pour être honnête, je n'étais pas en position d'éligibilité, mais j'étais là.

Personne n'est obligé de manifester ni d'occuper la rue d'une manière ou d'une autre puisque tout est politique. Nos pensées, nos rituels, nos prières, peuvent changer les choses aussi. Moins vous en doutez, plus vous serez puissant(e). Il est grand temps de se réveiller, non ?

Quels freins à l'engagement des femmes ?

Au sein de tout ça, l'engagement des femmes en particulier me pose vraiment question : comment vivre sa citoyenneté si l'on est coincée chez soi pour gérer les travaux domestiques, garder ses enfants ? Comment s'intéresser aux affaires publiques si l'on est convaincue que l'on doit être rentrée à 20 heures pour préparer le dîner ? C'est toute une organisation (du collectif en particulier) qui doit être repensée. Je ne crois pas vraiment à la famille traditionnelle. D'ailleurs, elle n'a pas toujours existé comme elle est. Loin de là. Avant, chacun vivait au sein de groupes relativement égalitaires où tout le monde participait à l'éducation des enfants du clan. L'idée même d'un instinct maternel est relativement récente* et je trouve intéressant de sortir de ces différentes injonctions qui pèsent sur les femmes, qu'il s'agisse de l'obligation d'avoir des enfants ou de devoir les aimer au premier regard ! C'est pourquoi, encore aujourd'hui, je crois bien davantage à la tribu, à ces personnes (pas nécessairement de notre famille) avec

* Cette idée daterait de 1760 environ. Avant, en raison du nombre de fausses couches et de la mortalité infantile, l'attention portée aux enfants n'était pas comparable à celle d'aujourd'hui. À la fin du XVIIIe siècle, pour de multiples raisons historiques et démographiques, la mère a été valorisée et on a enfermé les femmes dans le rôle de mère nourricière exigeant un dévouement total à sa progéniture. On sait aujourd'hui que l'engagement des mères auprès des enfants n'a rien de biologique et que toute personne, peu importe son genre, qui passe du temps avec l'enfant produira la fameuse ocytocine, cette hormone de l'attachement.

qui l'on partage le quotidien, dans un habitat commun par exemple, et qui peuvent être pour nous un soutien (et réciproquement). Cela me paraît la seule issue pour l'instant (et même au niveau énergétique, c'est bien plus frugal...). Je crois que nos enfants devraient être élevés par d'autres que nous, autres que nous aurons choisis bien sûr. Comme Hillary Clinton, je pense qu'« Il faut tout un village pour élever un enfant* ». Avec l'idée permanente néanmoins que chacun fait ce qu'il veut. Ce n'est pas par hasard si les femmes maires de grandes villes sont pour la plupart âgées d'une soixantaine d'années. Pour certaines, le moment de l'engagement est peut-être un second temps, lorsque les enfants ont quitté le nid. Et pourquoi pas ?

Laissez-vous toucher par la rumeur du monde. Mettons-nous debout au jour le jour comme cela est juste pour chacune d'entre nous, faisons un pas puis un autre. Une tâche après l'autre. Ensemble, osons apporter quelque chose qui ne soit pas de l'ordre de la catastrophe, sortons de nos peurs pour nourrir la vie, fertiliser la terre, se tourner vers les autres, construire des ponts, bâtir et contribuer, aimer et inventer.

* Traduction du titre d'un livre publié aux États-Unis en 1995 (*It Takes a Village: And Other Lessons Children Teach Us)* et paru en français aux éditions Denoël en 1996.

CHAPITRE 12

MON MANIFESTE

« Ne pas oublier que rien ne peut être exclu de la réalité, pas même les rêves. »*

Alberto Moravia

Au début, lorsque je pensais à ce manifeste, j'imaginais une liste de projets comme autant d'injonctions à réaliser. Un peu comme un programme politique, ou un rêve à la Martin Luther King avec des détails expliquant ce que serait pour moi un monde idéal. Puis, très vite, je n'ai plus eu envie de ça. D'autres l'ont très bien fait. Ce sont davantage des mots qui me sont venus. Des mots comme autant de pulsations que j'ai envie d'inviter dans ma vie. Parfois j'y parviens, parfois pas. Il n'empêche, mon manifeste à moi, c'est ce qui suit… À vous d'inventer le vôtre !

1. Faisons alliance

Bien que je sois passionnée par mes engagements féministes et que j'aie la conviction que le patriarcat est à

* Alberto Moravia, *L'Attention*, traduit de l'italien par Claude Pontet, Flammarion, 1966.

peine en train de trembler sur ses fondations, la réalité que nous sommes en train de traverser m'oblige à me demander s'il n'est pas temps de passer à autre chose. À plein d'autres choses. À créer une alliance sacrée au-delà de nos différences, même si nous tenons à celles-ci et à nos revendications singulières. Cela m'évoque le temps de la Résistance. Afin de faire face à l'énorme bouleversement qui est en train de s'inviter dans nos vies, la mobilisation de l'intelligence collective et populaire me semble incontournable. Dans sa globalité. Et pour moi, le mot qui résume tous les autres est alors celui d'alliance. J'aspire profondément à celle-ci. Alliance des genres, alliances des humains, alliance du vivant. Alliance des différents plans.

Le féminisme que je revendique n'est pas contre les hommes et ne l'a jamais été. C'est un féminisme qui aspire à la chute du patriarcat, c'est tout à fait différent. Ce féminisme s'oppose au sexisme, pas au masculin. Néanmoins, j'ai bien conscience qu'un rééquilibrage plus égalitaire pourra donner à certains la sensation de perdre quelque chose (ne serait-ce que certains privilèges, des rapports de pouvoir et de domination, probablement bien confortables). Et si c'était pour inventer autre chose ? De l'ordre d'une vraie rencontre, d'un partage réel, de la joie de l'authenticité et de l'intimité. Je pense que nous avons tous à y gagner. Faire alliance, c'est aussi prendre conscience de notre profonde interdépendance. Comprendre que prendre soin de l'autre constitue une autre manière de prendre soin de soi (sans se sacrifier non plus). Nous sommes tous reliés. Et ces liens sont notre richesse. En préférant les liens aux biens, en leur donnant de la valeur, nous pouvons inventer un nouveau stade en humanité, en altérité, construire un profond changement de paradigme.

Je n'aspire pas à un univers où les hommes et les femmes seraient séparés, faisant monde à part. Cette altérité est notre richesse : « L'altérité se construit dans l'expression d'une étrangeté, de ce qu'on ne comprend pas. L'autre nous confronte, nous bouleverse, nous interroge. Sinon, cela peut vite devenir ennuyeux. On se retrouve dans une situation de complaisance lorsqu'on n'est qu'avec des femmes, juste entre nous*... », s'enthousiasme la philosophe Marie Robert. Non, ce n'est pas non plus le projet. Nous devons apprendre tous autant que nous sommes à nourrir une altérité qui ne soit pas une altérité toxique, rechercher la cohérence, affronter la complexité : « Un individu, avant d'être un homme ou une femme, est une âme complexe », poursuit-elle. Partir à la découverte de cette richesse peut être inconfortable, déstabilisant, mais tellement transformateur. Comment faire autrement ?

2. Jouons collectif

Tous et toutes ensemble. Au-delà de cette indispensable réconciliation entre nos différences, l'envie serait de construire une diversité en actes au sein du collectif. En sortant de l'idée qu'il existe une bonne manière de faire les choses, une vérité absolue : il existe juste des expériences spécifiques, des écosystèmes qui constituent un kaléidoscope, une mosaïque de vécus. Il s'agit d'un appel à la souplesse, à un vrai nous, un nous global. « Cessons de croire que l'on doit se ressembler. De fait, nous ne sommes pas pareils », s'emporte Marie Robert. Et alors ? Nous avons nos singularités. Et ce n'est pas une question de masculin/féminin. Juste une question d'êtres humains. C'est

* Interview réalisée par l'autrice.

formidable d'avoir découvert ensemble la sororité – et c'est vraiment un mot qui a du sens dans ma vie aujourd'hui –, mais si on allait au-delà de l'opposition entre la fraternité et la sororité ? Si on passait à l'adelphité ? Ce mot à la racine grecque a été proposé par le Haut Conseil à l'Égalité entre les femmes et les hommes (HCE) pour remplacer le mot fraternité dans la devise de la République française* ; il désigne un lien qui nous unit frères et sœurs au sein d'une relation mixte. Nul doute que nous finirons par l'intégrer.

Prenons conscience de notre interdépendance : en 2005, des représentantes et représentants de la société civile des 193 pays adhérents à l'ONU ont été dans ce sens en signant la première Déclaration universelle d'interdépendance qui déclare : « Le moment est venu de transformer notre communauté involontaire de risques en une communauté volontaire de destin. » Sommes-nous enfin prêts ?

Au-delà de nos différences, nous pouvons nous inviter à faire un travail collectif (en plus d'un chemin personnel incontournable qui nous permet de nous aligner, de calmer notre ego, avant de venir dans le groupe) où nous oserons exprimer nos besoins, et évaluer comment nous pouvons contribuer à la vie de l'autre – s'il le veut bien. La rencontre présuppose mille questions (donc déjà d'être capable de se parler, de communiquer) : quelle est ma vision ? Quelle est ta vision ? Où pouvons-nous nous retrouver ? (Et ce n'est pas nécessairement à mi-chemin…) Pour moi, la démocratie, c'est cela. C'est la construction d'un collectif où chacun a sa vérité à exprimer, où chacun, s'il le souhaite, peut s'asseoir à la table de la coconstruction puis à celle des décisions. Inutile de dire que je trouve que nous en sommes très loin. Il

* Autre proposition du HCE pour remplacer le mot fraternité : « solidarité ». *Pour une Constitution garante de l'égalité hommes-femmes*, 18 avril 2018.

s'agit de créer les conditions d'une réelle participation de la société civile aux décisions qui nous concernent. La démocratie, selon le philosophe Jacques Rancière, est « le pouvoir de ceux qui ne sont pas qualifiés pour exercer un pouvoir* ». Ceux-ci peuvent alors contribuer au collectif en lui apportant leurs savoirs informels, leurs compétences issues des mobilisations, que ce soit au sein des milieux associatifs et/ou des réseaux militants, amicaux. En allant au-delà de cette « insurrection de la bonté** », au-delà d'une réponse émotionnelle, pour apprendre, s'interroger, se cultiver et construire vraiment le collectif. Michel Foucault nommait « savoirs assujettis » « toute une série de savoirs qui se trouvaient être disqualifiés comme savoirs non conceptuels, comme savoirs insuffisamment élaborés, savoirs naïfs, savoirs hiérarchiquement inférieurs, savoirs au-dessous du niveau de la connaissance ou de la scientificité requise*** ». Nous pouvons revendiquer de tels savoirs. Ils n'ont rien à voir avec « le bon sens populaire » que les élites aiment dédaigner du haut de leur grandeur, il s'agit bien davantage d'un savoir à la fois local et critique de l'ordre des choses. « Cette mobilisation horizontale forge dès aujourd'hui une détermination », affirme l'anthropologue Alain Bertho****, qui renvoie à l'appel de cinquante intellectuels africains qui ont signé une tribune pour la mobilisation des intelligences et des ressources et la créativité des Africains pour vaincre la pandémie de Covid-19***** : « C'est une opportunité historique de

* Jacques Rancière, *En quel temps vivons-nous ? – Conversation avec Éric Hazan*, La Fabrique Éditions, 2017.

** Selon l'expression de l'abbé Pierre après l'afflux de dons à la suite de son appel à l'hiver 1954 pour aider les sans-abri alors que la France connaissait un hiver sibérien.

*** Michel Foucault, « Il faut défendre la société » – Cours au Collège de France, 1976, EHSS/Seuil/Gallimard, 1997.

**** « Ne les laissons pas décider de nos vies », Blog Mediapart, 20 avril 2020.

***** « Coronavirus, pour en sortir plus forts ensemble », *Jeune Afrique*, 10 avril 2020.

mobiliser les intelligences réparties sur tous les continents, de rassembler leurs ressources endogènes, traditionnelles, diasporiques, scientifiques, nouvelles, digitales, leur créativité, pour sortir plus forts d'un désastre que certains ont déjà prédit. » Les utopies, tout comme elles ont besoin de se nourrir de rêve et de poésie, doivent se confronter au principe de réalité, à la multiplicité de nos expériences qui sont autant d'expériences d'espoir. À l'inattention des pouvoirs installés, opposons pour l'avenir notre attention aux autres, notre écoute.

3. Désobeissons

Résistons. Sortons de cette soumission par lassitude, et par confort. Ne prenons rien pour argent comptant. Méfions-nous des petits arrangements. L'insoumission, la subversion sont des valeurs clés pour moi. Ici encore notre colère est utile. Ne la nions pas, ne cherchons pas à l'étouffer, ni à l'apaiser. Ce sont nos colères réunies, toutes nos colères dans leurs dimensions vivantes qui peuvent nous permettre de transformer les choses, d'inventer de nouvelles solidarités. Entre désinvolture des uns et cynisme des autres, la voie semble étroite. Et le désespoir pourrait parfois nous submerger. Nous n'avons pas le choix : il nous faut répondre à la mondialisation d'une pensée unique par une insurrection des consciences. La crise, les crises nous donnent cette opportunité, car elle crée des nouvelles conditions pour l'action. Lorsque tout est stable, de nombreux dispositifs de régulation limitent les possibilités d'action. Les perturbations que nous traversons constituent autant d'ouvertures, de brèches dans le système. Ainsi, comme l'explique Edgar Morin, « la crise est tributaire de l'aléa : à certains de ses moments carrefours, il est possible à une minorité, à une action individuelle, de faire basculer le développement dans un sens parfois hautement improbable* ». Faisons-le basculer, pesons de toutes nos forces dans la balance ! La crise est un risque et une chance : « Ici s'éclaire le double visage de la crise : risque et chance, risque de régression, chance de progression**. »

Pour agir, il importe donc de sortir du « crime d'indifférence », selon l'appellation d'André Glucksman. Osons dire non. Cessons de collaborer à ce monde mortifère et injuste qui soutient le dérèglement climatique, les inégalités, la politique de la terre brûlée, les oppositions entre les peuples. Osons le regarder en face : « C'est un modèle intenable humainement, géologiquement, économiquement, environnementalement, mais c'est un modèle établi, partagé. Toute opposition sera perçue comme ennemie, déviante. Ne plus vouloir ce modèle, c'est se mettre en marge, entrer dans le camp adverse, rappelle Sandrine Roudaut, autrice et semeuse d'utopie, dans son ouvrage *Les Suspendu(es)****. Choisir l'insoumission, choisir d'œuvrer pour une vie meilleure menace les croyances partagées, le "contrat social". De là à menacer l'ordre public, il n'y a qu'un pas. » Et si l'on faisait ce pas-là ?

Qui vient avec moi ?

4. Osons le pouvoir

Nous nous appelions les Semeuses. C'est une aventure, une histoire de clan, qui a impacté nos existences pour de longues années, je pense. Les Semeuses sont présentes

* « Pour une crisologie », article dans la revue *Communications*, 1976.
** *Ibid.*
*** Éditions la Mer Salée, 2016.

dans mes livres les plus récents, elles le sont également dans ceux de Sandrine Roudaut que je viens de citer*. Les Semeuses, c'était – c'est encore, mais d'une autre manière – une histoire de femmes qui ont fait le serment de s'engager dans la vie de la cité, chacune à sa façon. C'est Sophie qui crée un espace de permaculture sur un toit d'un bureau de poste dans le XVIIIe arrondissement de Paris, puis un autre à Montreuil, c'est Emmanuelle qui transmet une vision sobre de l'économie, c'est Quitterie qui nous a tant appris sur le collectif et la démocratie... Pendant plus d'un an, nous nous sommes retrouvées place de la République le vendredi à midi, un brassard blanc au bras, afin d'honorer cet engagement. Nous avons beaucoup parlé, beaucoup ri, beaucoup grandi aussi. Les Semeuses, c'est une histoire d'amitié. Même si celle-ci a aussi fini par s'éroder et que nous ne nous retrouvons plus à République le vendredi à midi. Mais le lien reste là, tendre et profond en ce qui me concerne. Nous travaillons encore (parfois) ensemble, nous manifestons encore ensemble. Ce que je pense, c'est que grâce aux Semeuses, j'ai pris conscience de choses importantes pour moi, ma conscience politique a mûri, nous avons osé faire des choses que nous n'aurions pas faites autrement. Ce groupe, ce lien très fort, cet engagement des unes envers les autres, nous a permis de nous reconnecter à notre pouvoir intérieur. Pour oser avancer dans le collectif autrement. Ces amies, ces sœurs, ont cru en moi, m'ont donné du pouvoir. Et c'est un cadeau inestimable.

Le rapport au pouvoir est quelque chose de complexe. Il fait rêver, tout comme on le craint. Et pourtant nous avons tous du pouvoir. Sauf si l'on y renonce. Pendant longtemps, le seul pouvoir des femmes était d'avoir des

* En particulier dans son dernier roman, *Les Déliés*, Éditions la Mer Salée, 2020.

enfants. Aujourd'hui, celui-ci peut s'exprimer sur toute la palette des talents : une femme peut être cosmonaute, imam, présidente de la République, autrice… Cessons de nous sentir écartelées, confions les enfants à leur père (ou à qui l'on veut, mais cessons de nous croire incontournables au quotidien) et redressons la tête. Aujourd'hui, lorsque deux femmes parlent de leurs enfants, leur principal sujet de conversation est souvent celui de la logistique et de la complexité à gérer celle-ci. Entre culpabilité et frustration, la maternité est loin d'être un long fleuve tranquille. À chacune de trouver le bon dosage. Entre espace intérieur, privé et espace public, à nous d'apprendre à aller et venir. Afin d'incarner au mieux nos aspirations et notre puissance. Comme le rappelle Simone de Beauvoir dans *La Force de l'âge** : « Nous avons tous le pouvoir de mettre en question le choix collectif, de le récuser ou de l'entériner. » Ne rien faire est déjà consentir à quelque chose, s'y soumettre. Il ne s'agit pas ici de prendre le pouvoir, mais bien de trouver son propre pouvoir, de se mobiliser à l'intérieur de soi pour agir au monde. Au moment juste pour chacun et chacune d'entre nous.

Je n'ai pas envie d'ajouter de l'injonction à l'injonction. Je pose juste l'urgence de la présence de tous. Mais je comprends qu'un tel cheminement puisse aussi prendre du temps. « Les femmes ont compris que c'était une bataille difficile qu'elles avaient à mener. Celles qui n'y vont pas se préservent. Pour s'occuper de la vie, parfois pour donner la vie. Elles ont besoin d'aller vers ce qui ressource, ce qui répare. Celles qui osent s'engager ont une image suffisamment bonne d'elles-mêmes, explique la sociologue Nadia Leïla Aissaoui, spécialisée en études féministes. Ce rapport à la sorcière est universel : si les

* 1960, Gallimard.

femmes osent lever la tête, elles savent le châtiment qui les attend. Il leur faut donc faire autrement. Les réseaux sociaux par exemple ouvrent le champ des possibles de manière extraordinaire : un harceleur y réfléchira à deux fois maintenant que #MeToo est passé par là*... » Les réseaux sociaux ne sont pas seulement un outil, ils peuvent devenir un vrai espace public pour certaines d'entre elles qui n'ont pas les moyens ou la possibilité de se retrouver à l'extérieur. C'est un tiers-lieu relativement sûr, où l'on ne risque pas la violence physique (même si le harcèlement est loin d'en être absent). Ils permettent à des femmes qui n'ont jamais pris la parole de s'impliquer, de témoigner, de poster des photos, des vidéos. Ils font partie des lieux qui ont permis cette réémergence des forces féministes. Avant éventuellement que cela se traduise dans la rue...

Donc oui, il y a un temps pour tout. Un temps pour se renforcer, prendre conscience de sa propre domination (celle que l'on subit, toutes et tous que nous sommes). Puis un temps pour s'engager, passer à l'action. Assumons donc progressivement nos doubles vies ! Intérieure et extérieure. Assumons notre chemin personnel au service du collectif. Plus nous entrons au cœur de nous, au cœur du mystère de notre âme (ou de notre inconscient), plus nous sommes puissant(e) au-delà de nous. C'est bien sûr en envisageant la possibilité que le monde est notre miroir que nous devons d'abord dénouer nos conflits intérieurs, notre violence intérieure, notre compétition intérieure pour pouvoir ensuite le pacifier. Ne nous décourageons pas quand les temps sont difficiles. Toutes ces périodes sont autant de voies d'initiation. Rappelons-nous : en 2001, après les attentats du 11 septembre, Starhawk

* Interview avec l'autrice.

identifiait trois raisons de continuer à contester le système : « Ne pas se laisser gagner par la peur » ; « Il est plus facile de refonder un système ébranlé » ; et le fait que « Nous n'avons pas le choix »*. Le changement était urgent. L'histoire se répète. Les raisons de se mobiliser sont approximativement les mêmes, l'urgence n'ayant fait que s'intensifier. La folie du monde nous oblige à agir. J'ai fini par devenir une activiste et par aimer m'identifier à ce mot, qui dit que je n'ai plus vraiment à tenir compte des règles du jeu des hommes et des classes dominantes, mais uniquement à sentir ce qui est juste pour moi à un moment donné. L'action est le moyen de sortir de la sidération, voire de la dépression, lors de ces moments pour le moins incertains.

Je refuse de tomber dans la « solastalgie » ou éco-anxiété, ce sentiment que l'on ressent lorsqu'on voit que nos environnements familiers sont en train de se dégrader sous les coups de boutoir de la pollution, de l'industrialisation ou de la surexploitation. Ce vertige qui nous prend, ce vacillement intérieur lorsqu'on se rend compte que le monde que l'on a connu ne sera pas celui que connaîtront nos enfants et encore moins nos petits-enfants. Nommer tous ces bouleversements nous incite à lutter contre eux et peut nous donner cet élan nécessaire pour prendre soin de nous et du monde. Ne pas rester figé(e) dans notre peine mais agir, imaginer, s'engager, poursuivre le travail commencé. Il y a tant d'actes à accomplir, de choix à poser. Allez vers ce qui vous parle, ce qui fait vibrer votre âme, il n'est pas d'engagement plus juste que d'autres, tout est urgent, tout est prioritaire. Mais nous sommes nombreux. Nous avons donc énormément de pouvoir.

* *Chroniques altermondialistes*, *op. cit.*

5. Prenons la parole

Et s'il le faut, haussons le ton. L'intention de ce livre était de rappeler à quel point toute parole est nécessaire au débat public, celle des femmes bien sûr, mais en fait celle de chacun ! Qu'il est donc important de sortir du confort de nos vies (ou de nos retraites au sens quasi spirituel du terme) pour s'engager de mille et une manières dans la vie de la cité. Aujourd'hui, l'urgence est bien d'impliquer dans la décision publique les acteurs et les actrices de la société, en particulier tous ceux et toutes celles qui se trouvent, de près ou de loin, engagé(e)s pour le bien commun. La crise du Covid l'a une nouvelle fois montré : la parole d'autorité reste quasiment un monopole masculin*. Comme si, en cas de problème, les femmes étaient invitées à rester à la maison… Pensons à ce que disait Simone de Beauvoir dès 1949, dans *Le Deuxième Sexe*, aux femmes qui imaginaient que les combats seraient un jour derrière elles : « N'oubliez jamais qu'il suffira d'une crise politique, économique ou religieuse pour que les droits des femmes soient remis en question. Ces droits ne sont jamais acquis. Vous devrez rester vigilantes votre vie durant. » Notre expérience actuelle semble malheureusement lui donner largement raison. Alors, disons ce que nous avons à dire, même si nous ne nous sentons pas toujours légitimes, même si c'est maladroit, même si l'émotion nous coupe parfois la voix. C'est en forgeant que l'on devient forgeron, et c'est en parlant que l'on devient oratrice.

* « Et les femmes, moins présentes dans les médias audiovisuels que les hommes (41 % contre 59 %), restent souvent cantonnées au registre traditionnel de la féminité – le témoignage sur la vie quotidienne (55 % contre 45 %). Pendant la crise sanitaire, elles ont ainsi été invitées à raconter à la première personne leur expérience de « maman confinée » ou de victime de violences, mais elles ont beaucoup plus rarement endossé le costume respecté de l'expert. » (Source : *Le Monde*, article d'Anne Chemin, 10 juillet 2020.)

Prendre la parole, c'est oser s'exposer, se tromper et l'assumer. Qu'on le fasse devant tout un parterre ou devant les gens que l'on croise au quotidien et avec qui l'on tisse des liens. Un commerçant, un voisin. Prendre la parole, chuchoter, crier, revendiquer, dire tous les mots de la vie, ceux qui pleurent, qui désarment, qui exigent et ceux qui sourient. Prendre la parole pour reconstruire, car ce qui est dit commence déjà à exister. Toute une humanité à réinventer.

6. Réinventons les communs

La disparition des communs* est concomitante du « brûlage » des sorcières et, selon moi, ce n'est pas par hasard : en faisant disparaître ces espaces collectifs où même les plus pauvres pouvaient faire paître leurs cochons, trouver du petit bois pour le feu ou aller pêcher du poisson, l'insécurité a été majorée et les tensions sociales ont été préjudiciables aux plus vulnérables. Aujourd'hui, on retrouve ces phénomènes d'« enclosure » (le fait de clôturer) par exemple en Afrique, où les meilleures terres vivrières sont vendues au plus offrant – aux Chinois la plupart du temps – par certaines autorités locales (qui y

* L'histoire des communs commence dans les campagnes, où l'organisation des usages du sol prime, jusqu'à la fin du Moyen Âge, sur la notion de propriété. Des règles y définissent alors l'accès aux ressources – pâturages, étangs, forêts – en fonction de deux impératifs : garantir les droits de chacun tout en évitant la surexploitation. Ces pratiques déclinent au fur et à mesure que se développent la règle des « enclosures » et la propriété privée. Dans les années quatre-vingt-dix, la politologue et économiste américaine Elinor Ostrom (première femme à obtenir un prix Nobel d'économie, en 2009, pour son analyse de la gouvernance économique et en particulier des biens communs) ouvre une brèche dans ce modèle dominant. À partir d'observations de terrain, elle montre que, partout dans le monde, des communautés sont capables d'organiser durablement des « règles d'usage » afin de garantir à la fois la survie des habitants et la préservation d'un réservoir de ressources pour les générations suivantes.

gagnent au passage, cela ne fait guère de doute), condamnant leurs concitoyens à la misère ou à un travail harassant à la mine. En sortant de cette logique capitaliste, il est possible de se proposer une alternative : retrouver la notion de communs.

De quoi s'agit-il très concrètement ? « Les biens communs, ou tout simplement communs, sont des ressources, gérées collectivement par une communauté, celle-ci établissant des règles et une gouvernance dans le but de préserver et pérenniser cette ressource. Des logiciels libres aux jardins partagés, de la cartographie à l'énergie renouvelable, en passant par les connaissances et les sciences ouvertes ou les AMAP et les épiceries coopératives, les communs sont partout ! En d'autres termes on peut définir les communs comme une ressource (le bien commun) plus les interactions sociales (économiques, culturelles et politiques) au sein de la communauté prenant soin de cette ressource. Une telle ressource peut donc être *concrète* (rivière, potager urbain, machine-outil, semences, ressource naturelle, forêt, centre de santé). Ou *immatérielle* (un savoir-faire, un code génétique, un logiciel, une recette de cuisine). Et la communauté est un groupe de personnes qui se déclarent ou se considèrent comme solidaires, c'est-à-dire liés par une responsabilité commune, des intérêts communs. Cette communauté peut être locale et peu nombreuse, comme dans le cas d'un jardin partagé, ou plus large et plus nombreuse comme dans le cas de Wikipédia, qui est constituée de multiples groupes linguistiques qui produisent chacun leur encyclopédie et collaborent à l'échelle mondiale*. »

Ces pratiques sont en train d'ouvrir de nouvelles approches économiques, sociales et politiques qui me

* Source : lescommuns.org

paraissent passionnantes et imposent un changement de perspective à notre logiciel intérieur habituel (souvent clivé entre « c'est à moi » ou « ce n'est pas à moi »). Là où l'économie actuelle propose de la concurrence et de la compétition, l'idée est de rechercher de la collaboration et de l'équilibre (et donc aussi de l'écologie). Ce n'est pas simple, car pour l'avoir expérimenté moi-même, ce n'est jamais simple de décider à plusieurs (même s'il existe de plus en plus d'outils pour aider à ce type de prise de décision). Lorsque la situation collective – économique, financière – se tend, je me demande pourtant si ce n'est pas la seule solution.

7. Devenons des guerriers et des guerrières de lumière.

Ne séparons pas la contemplation et l'action, le spirituel et le politique. Dans le *Manuel du guerrier de la lumière**, Paolo Coelho écrit : « Un guerrier de la lumière ne reste jamais indifférent à l'injustice. Il sait que tout est un, et que chaque action individuelle affecte tous les hommes de la planète. Alors, quand il se trouve devant la souffrance d'autrui, il se sert de son épée pour remettre les choses en ordre. » Selon l'autrice Catherine Boudet, cette notion de « guerrier de la lumière » trouve ses origines dans le concept de *javânmardî*, ou chevalerie spirituelle, hérité de la religion mazdéenne, une religion de la Perse antique : « C'est une présence engagée vis-à-vis de ce monde, mais cet engagement, l'être de lumière ne peut l'assumer qu'en progressant sur la voie du perfectionnement spirituel qui fait de son acte d'exister un acte de présence également

* Traduit du brésilien par Françoise Marchand-Sauvagnargues, Anne Carrière, 1997.

aux mondes au-delà*. » Il y a aussi dans ce mot de guerrier ou guerrière l'idée d'oser se défendre, voire parfois d'attaquer, en tout cas de sortir du déni qu'il existe une énorme violence à subir ce que l'on subit et qu'il est alors possible d'agir en étant capable de se protéger, voire de prendre les devants (de manière non-violente ou pas). Cette idée même de se défendre est déjà révolutionnaire. Car cette possibilité a longtemps été le privilège exclusif d'une minorité dominante : depuis toujours, certains sujets sont légitimes à user de la force physique, d'autres pas. Pendant des siècles, les femmes n'avaient pas le droit de préparer de la viande en cuisine, car les couteaux utilisés auraient pu constituer une arme. Durant la Révolution française, la question de l'armement des citoyennes et la possibilité d'acquérir une formation martiale a constitué un enjeu central : « De telles revendications "féministes" sont régulièrement appréhendées comme une "mutation de genre" monstrueuse [...], comme si toute revendication de droit équivalait à une forme de virilisation, à un travestissement, à un changement de sexe », analyse la philosophe Elsa Dorlin**, qui cite aussi Elijah Green, un ancien esclave (né en 1893) qui rapporte qu'il était strictement interdit à un Noir d'être en possession d'un crayon ou d'un stylo sous peine d'être condamné pour tentative de meurtre et pendu. Les « dominants » ont toujours eu peur que les « dominé(e)s » ne se retournent contre eux. Pour moi, la question aujourd'hui n'est pas tout à fait là. Il ne s'agit pas d'attaquer (physiquement) le patriarcat ! Mais de sortir de toutes les manières possibles d'une posture de victime, et donc d'être capable physiquement d'assumer

* Interview pour *Inexploré*, le magazine de l'INREES (Institut de recherche sur les expériences extraordinaires), octobre 2017.

** *Se défendre – Une philosophie de la violence*, éditions La Découverte, coll. Zones, 2017.

la confrontation. J'ai suivi, en ce qui me concerne, des ateliers d'autodéfense et je conseille aux femmes de mon entourage de faire de même. Il s'agit encore d'un chantier que nous devons assumer, nous les femmes (en plus de tas d'autres comme celui de la gestion de la contraception), et je rêve d'un monde où ce ne serait plus nécessaire. Il n'empêche que, aujourd'hui, cela me donne de la confiance dans des situations de tension et me permet alors d'être moins déstabilisée. Cette confiance intérieure me permet de sortir d'une forme de soumission et de peur par rapport à de potentiels aléas extérieurs. Néanmoins ne perdons pas (trop) de temps à nous battre contre quelque chose. Inspirées par la psychologie jungienne comme par la naturopathie, mes priorités sont claires : soutenir la lumière et non combattre l'ombre. Créer du nouveau et non se battre contre l'ancien. Si l'ombre me tombe dessus, j'agirai. Mais sinon, je mettrais toute mon énergie à faire émerger le monde auquel je crois. Non à lutter contre ce vieux monde en déliquescence, lequel n'a d'ailleurs pas besoin de moi pour s'effondrer progressivement.

8. Rire et jouir

Oui, je parle de choses importantes pour moi. Sortir du patriarcat et de cette société de consommation, qui est un marché de dupes au sens littéral du terme, me semble une direction pertinente si l'on souhaite redevenir maître et maîtresse de notre vie. Pour autant, sous prétexte d'enjeux importants, je n'ai envie ni de me prendre au sérieux, ni de tout prendre avec gravité. La situation est intense. Raison de plus de l'assaisonner d'humour (et d'amour bien sûr). J'adore les réseaux sociaux quand ils sont capables de faire preuve d'une incroyable inventivité pour nous aider à affronter des situations collectives bien difficiles. J'ai besoin de ce rire, de dédramatiser, d'oublier même quelques instants l'état des lieux. Alors oui, rions et jouissons ! Car l'orgasme aussi est politique : les personnes qui jouissent sont des personnes heureuses, comblées, beaucoup plus difficiles à manipuler. Dans tous les cas, le secret, c'est la joie, la fluidité. Accepter que les choses puissent se faire avec légèreté (ce qui n'empêche pas l'engagement), de manière organique, intuitive, pour prendre le contre-pied de la victimisation, pour cesser de donner de la valeur à l'effort et à la souffrance, pour illuminer notre vie de mille lucioles. Notre aspiration reste de chanter, danser, aimer, jouir, rire et pleurer. D'inventer un féminisme et un projet collectif joyeux, non péremptoire ni revanchard. Même si ce rire est amer parfois, il peut nous aider à nous détacher de l'aridité de tout ça.

9. Réconcilions-nous avec la sorcière en nous

Aimons l'ombre comme la lumière, la chute comme l'ascension. Aimons les moments où ça grippe, où ça grince, où les choses ne tournent pas rond. Ne cherchons pas à ressembler à une héroïne de roman. Vivons l'incroyable défi de l'incarnation. Un jour pile et l'autre face. Osons regarder la vie en face, la mort en face, la peur en face. Ne cherchons pas à être parfait(e)s, faisons juste du mieux possible et assumons alors nos manquements, nos errances, nos ratés. Ces moments où l'on n'y était pas. Et c'est comme ça. En sortant de l'idéalisation, nous nous donnons l'autorisation d'assumer notre complexité et parfois notre dualité. Acceptons notre subversion, inventons l'autre loi, celle qui passe par le chaos, parfois par le désordre, souvent par l'émotion, pour inventer une autre harmonie, plus proche de la nature et de notre humanité (au féminin comme au masculin). Ce monde rationnel et désincarné court à sa perte. Ce n'est pas le mien. Je suis capable de jouer avec ses règles du jeu (et même très bien), mais je ne suis pas dupe. Je persiste dans mon désir de (re)mettre ce monde sens dessus dessous, comme nous y invite l'écoféministe Carolyn Merchant*, en l'agitant dans tous les sens, au risque parfois de se tromper et de faire n'importe quoi, un risque assumé d'ailleurs. Car le temps de la confiance et de l'amour n'est plus celui de la peur.

10. Et enfin… aimons

Inconditionnellement. Aimons la vie, aimons l'amour, aimons les autres, aimons-nous nous-même, aimons tout court. La vie est brève, ne l'oublions pas. Créons ensemble cette utopie d'amour : « L'utopie d'amour est une société qui sert ses humains et le vivant, les guérit, les libère, les empuissance, et non le contraire », rappelle l'autrice et réalisatrice Mai Hua**. Le défi de notre époque est en effet une véritable révolution (intérieure et extérieure) : il s'agit de passer du plexus solaire au chakra du cœur. Sortir du chaos de nos émotions pour faire l'apprentissage de l'amour inconditionnel, comprendre que l'expression de notre intime, de notre être profond, est politique et que son partage brûle le mensonge et l'impunité systémique, et fragmente certains pouvoirs illusoires.

* *The Death of Nature* (La Mort de la nature), non traduit en français, 1980. Elle est citée par Mona Chollet dans *Sorcières – La puissance invaincue des femmes*, éditions La Découverte, 2018.

** Édition d'été de la newsletter @les_glorieuses.

Aimons cette période dingue qui nous donne tant d'opportunités : l'inattendu remet du mouvement dans nos vies, dans nos êtres, faisant émerger le plus juste du plus profond. Ayons confiance également en l'avenir : la relève est là. Côté féminisme et écologie, côté dignité humaine et ouverture d'esprit, les plus jeunes reprennent le flambeau avec un enthousiasme et une combativité remarquables. Ces combats qui semblaient être des combats d'arrière-garde il y a peu (et pour lesquels certaines personnes me regardaient avec un léger sourire condescendant) commencent à occuper le devant de la scène. De plus en plus de personnes se sentent concernées. Même les médias – et Dieu sait s'ils sont au service d'une pensée dominante – ne peuvent plus les ignorer. Alors faisons ce que nous avons à faire et respirons. Nous ne pouvons que nous abandonner à ce moment suspendu, entre deux temps : c'est vertigineux, oui, mais cela parle du vertige de nouveaux possibles. On peut être amené à renoncer à certaines choses, à miser sur d'autres. À chacun(e) de trouver ce qu'il/elle a à apporter dans ce monde pour que tout cela soit entendu, transformé. Cela ne veut pas dire que ce sera facile et applicable tout de suite, mais juste que je crois qu'un chemin juste est en train de s'inventer.

En toute complicité, en toute tendresse, nous arrivons donc au bout de ce sentier tous et toutes ensemble. Nous avons pris la route dans le brouillard d'un monde plein d'incertitudes. Nous voilà à l'orée d'une clairière (un feu brûle en son centre), les larmes aux yeux, le sourire aux lèvres et le cœur qui bat. Ce qui est certain, c'est que nous n'avons plus peur. Et si parfois notre ventre se serre, il nous suffit de presser la main qui tient la nôtre pour que celle-ci nous réponde en retour.

Remerciements

Merci à Marie Robert, Nadia Leïla Aïssaoui et Laure Noualhat pour le temps qu'elles m'ont consacré.

Merci à Joëlle, Jean-Marie, Laetitia et Nicolas pour ces mois partagés de confinement, si joyeux et si puissants.

Je dédie ce texte à toutes ces belles âmes qui m'entourent : à mes enfants, à mes ami(e)s, à ma famille, à mon éditrice, à mes lecteurs et lectrices, à mes élèves, à mes enseignant(e)s, à toutes ces personnes aussi qui me suivent sur les réseaux sociaux sans faire semblant. Votre présence illumine littéralement ma vie, merci !

Je le dédie également aux exclu(e)s de tous les systèmes d'oppression, et Dieu sait si, dans ce domaine, les humains ont fait preuve d'imagination. Je pense aux sorciers et aux sorcières d'hier, d'aujourd'hui et de demain, à tous ceux et toutes celles qui dérangent, qui sont « trop », aux non-conformes qui doivent en payer le prix.

Bibliographie

Outre les ouvrages cités tout au long du livre, je vous propose d'autres lectures qui viendront compléter vos connaissances.

CONSTANTIN Sarah et **Elvire Duvelle-Charles**, *Clit Révolution : Manuel d'activisme féministe*, Éditions des Femmes-Antoinette Fouque, 2020.

CUNNINGHAM Scott, *Terre, Air, Feu & Eau – Techniques de magie naturelle*, Éditions Danaé.

DUCELLIER Camille, *Le Guide pratique du féminisme divinatoire*, Cambourakis, 2018.

FROIDEVAUX-METTERIE Camille, *Le Corps des femmes – La bataille de l'intime*, Philosophie Magazine Éditeurs, 2018.

GARCIA Manon, *On ne naît pas soumise, on le devient*, Climats, 2018.

JODOROWSKY Alejandro et **COSTA Marianne,** *La Voie du tarot*, Albin Michel, 2004.

MACHUREAU Christine, *Mémoire froissée*, Les éditions du 38, 2009.

MARCHAL Éric, *Les Heures indociles*, Éditions Anne Carrière, 2018.

James Ursula, *La Source – Manuel de magie quotidienne*, Belfond, 2012.

Roulet Daniel (de), *Dix Petites Anarchistes*, Buchet Chastel, 2018.

Sédillot Carole, *Jeu et enjeu de la psyché – Pensée jungienne, alchimie et archétypes du tarot*, Dervy, 2011.

Siguier-Sauné Gisèle, « Histoire d'une rencontre ou le chemin de la réconciliation », in *La Mémoire et le Souffle – Pratique du yoga, lecture de la Bible. Récits d'une rencontre*, ouvrage publié sous sa direction, Éditions de l'Harmattan, 2008.

Strömquist Liv, *Les Sentiments du prince Charles*, traduit du suédois par Kirsi Kinnunen et Stéphanie Dubois, Rackham, 2018.

TABLE

Tana S'ENGAGE

TANA est un éditeur qui s'engage pour la préservation de l'environnement et qui utilise du papier issu de forêts bien gérées certifiées FSC® et d'autres sources contrôlées.

Ce livre a été imprimé en France par un imprimeur certifié Imprim'Vert® avec des encres végétales. La couverture ne comprend pas de pelliculage contenant du plastique.

Direction éditoriale : Suyapa Hammje
Édition : Florence Noblet
Couverture : Guylaine Moi
Illustration de couverture : Emmanuelle Houdart
Mises en page : Nord Compo
Fabrication : Céline Premel-Cabic

ISBN : 979-10-30102-93-2
Dépôt légal : octobre 2020
Imprimé en France par Normandie Roto Impression s.a.s. (2003250)

Rejoignez-nous sur :
www.tana.fr

MIXTE
Papier issu de sources responsables
FSC® C003309
FSC www.fsc.org